「理想の毎日」は
自分で
デザインできる

削っていいこと、
いけないこと

仕事と
人生で

秋田道夫

大和出版

はじめに

日々に追われて、大事なことまで削っていませんか？

はじめまして。秋田道夫と申します。

わたしは、プロダクトデザイナーといって、信号機やセキュリティーゲートをはじめとした公共機器、最近では大根おろしや湯のみ、ピーラーといった生活用品をデザインする仕事をしています。

この仕事をして半世紀も経ちましたが、いまだに飽きることがありません。

というのも、最先端の技術が誕生し、流行も変化している一方で、「**人の悩みや欲求は変わらない**」という面白さと常に対峙しているからです。

わたしのデザインも、時代を問わず、普遍的なものを目指しています。

できるだけシンプルに、余計なものを足さず、そぎ落とす。

効率を重視し、無駄なものをなくしてきたわたしですが、こと仕事の進め方に関しては、「削る」ばかりではありません。

「削ってはいけないこと」も大切にしてきました。

今、「コスパ」(費用対効果)や「タイパ」(時間対効果)が重要視されていますね。少しでも無駄なことを省きたい。最短スピードで結果を出したい。

そんな時代の中で、どうも「楽しむ余裕」が欠けているようにわたしは思うのです。楽しむ余裕を持つ、そのためには「削っていいこと」と「削ってはいけないこと」を見極める必要があります。たとえば、次のようなものです。

・**人と会うことを削らない。**直接会ってこそ、伝わることがある。
・**「有意義なことで隙間時間を生める」は削っていい。**移動時間こそぼんやり過ごす。
・**「インプット命」は削っていい。**情報を集めて満足するのではなく、自分からアウトプットして、失敗から学ぶ。

・**「面白い」「かわいげ」は削らない。**サービス精神豊富な人になる。

この本では、このような「削っていいこと、いけないこと」を、わたしの経験をもとにご紹介していきます。

プロダクトデザイナーとして、「無駄なものを排除する」「できるだけシンプルにする」といったデザインを手がけるわたしが、「ぼんやり過ごす」「サービス精神豊富な人になる」なんて、意外に思われますか？

でも、ただやみくもに費用や時間を削るだけではなく、遠回りであっても余裕をもって楽しむことが大事。このように思っています。

さらに、わたしの考え方の根底には「**穏やか**」と「**速やか**」の共存があります。「穏やか」と「速やか」、一見矛盾するように感じるかもしれませんね。

でも、まず日々を「穏やか」に過ごすためには、仕事における問題を「速やか」に解決しないといけません。

放っておくと、日に日に解決が難しくなっていきますよね。

つまり「穏やか」でいるのが遠のいてしまいます。

それを可能にするのは、先行して、積極的に取り組むことです。

そしてやはり、何事も、楽しむことが一番だと思います。

あなたも、「穏やか」な人生を送れるように、「速やか」に仕事をして、余裕を持つようにしてみてください。

この本を通して、みなさんが「新しい視点」を持ち、理想の日々をデザインするための手助けになれば幸いです。

プロダクトデザイナー
秋田道夫

仕事と人生で削っていいこと、いけないこと　目次

第2章「セルフイメージを持つ」を削らない

第3章「相手優先の進め方」は削っていい

第4章 「伝えるときは柔らかく」を削らない

第5章 「世間の定説」は削っていい

第6章「物事の本質」を削らない

第7章「自分を犠牲にする」は削っていい

第8章 「ちょっとのずる賢さ」を削らない

第9章「損得勘定」は削っていい

第10章 「振り返りながら先を見る」を削らない

編集協力／長谷川恵子
本文レイアウト／上坊菜々子
本文ＤＴＰ／白石知美・安田浩也（システムタンク）

第1章

「あえて効率を無視する」を削らない

1 直接人と会う

人と直接会うことと、相手の会社に出向くこと。

わたしは、仕事でこの2つは省きたくないと思っています。

コロナで自宅待機になり、Zoomやteamsなど、オンラインでのやりとりを経験してなおさら、相手と直接会うことの大事さに気がつきました。

相手もこちらに好意的で、ぜひ会いたいという関係なら、オンラインでもいいかもしれません。

でも、こちらからお願いしたい、つまり営業的なお話なら、顔を見てもらわないと、その目的を果たすことは難しいでしょう。

会うことが大事だと思う一方で、どれだけ時間をかけて打ち合わせをしたかは問題ではないというか、できるだけ「**手短に**」お話しすることを心がけています。

九州まで半日かけて出張したにもかかわらず、打ち合わせをした時間は正味30分ほどだった、ということもあります。とにかく早々にホテルに帰ってシャワーを浴び、昼寝をして、夜の会食に備えていたことがほとんどです。

それでも別に遊んでいるわけではありませんし、打ち合わせの前後に「**会社の空気**」（社員の人たちの動き）を観察しておくことは、とても大事な情報収集になります。

出張を楽しんではいけません。油断してはいけません。

出張する際には「**会社を背負って新幹線、あるいは飛行機に乗っている**」という自負と自覚が必要です。

たとえ帰路であっても、間違っても、社員バッジをつけたまま、席を向かい合わせにして「酒盛り」を始めるようなことをしてはいけません。

ほかにも、出張先でケガをしたり、病気になってしまったら、周りに迷惑をかける可能性があります。

わたしは国内外問わず、出張先では、会社の人が同行しない場合は出かけないようにしていました。「遊びに行く」わけではないのだから、当然のことです。

2 感情の機微を大切にする

わかりやすく単純なものばかり求めていては、感性は育たないと思います。

現在は、「わかりやすい表現」「より短く具体的な表現」が喜ばれる傾向があると聞きました。それは『思考の整理学』（筑摩書房）の外山滋比古《とやましげひこ》さんが言う「グライダー（滑空機）的性格」です。つまり、エンジンを積んでいないので、飛行機に曳航《えいこう》してもらわないと上空まで上がれない。

ガタガタの道はいやだ、できるだけ滑らかな道の上を歩きたいというわけですね。

でも、本来は「その苦労」が工夫を生むきっかけになるんですよね。

自分の思いつかないアイデアも、自分だけで全部考えようとしないで、「**他人の入る余地**」を残しておくと、意外な考えを教えてくれることがあります。

そこには人間同士の微妙な感覚や、繊細な感情が入り込む余地があるのです。

3　「専門外の風」を取り入れる

自分の専門分野を勉強する。これは当たり前です。

デザイナーなら、デザインを勉強していて当たり前。

お笑い芸人の人たちの中には驚くほど頭の回転が速く、「ワードセンス」に長けた方がいます。それは長い間、「このタイミングで、どんなことを言えば、話全体がひっくり返って笑いに変換できるのか」というトレーニングを重ねてきたからです。

普通の人からすれば、予想もしない方向から言葉が飛んでくるわけです。

正面や後ろには注意をしても「**あらぬ方向から**」発言されれば、一般的な人にはかなわないのも道理です。

デザイナーだったらデザイン以外の「風」のことも学んでおくと、デザインの厚みが増し、「あらぬ方向から」でも対応できるようになるのかと思います。

わたしが社会人になって驚いたのは、周りに建築や絵画に対して知識を持っている人が案外にいなかったことです。

わたしはというと、アメリカ出張でグッゲンハイム美術館のポスターを買ってきて、勝手に自分の職場の壁に貼ったり、当時は一般的でなかったブルックス・ブラザーズで買った革ジャンを羽織って通勤したりして、一言でいえば異色な存在でした。

社内では、同じ部門よりも設計部門の人と仲がよかったです。自分の知らないことを教えてくれるから話していて面白かったし、相手もわたしの話を面白がってくれました。

そんなわけで、しょっちゅう設計のあるフロアに遊びに行っていました。

ほかのフロアで雑談して、手ぶらで帰ったらただのサボりですが、わたしはちゃんとおいしい獲物（設計が持っている事案の情報とか）を持って帰ったので、怒られることはありませんでした。

そんなふうに、会社の中でも外でも自然とさまざまな情報を集めてきたことが、わたしの血肉になっていると思います。

4 手間をかけて わかりやすく書く

あるとき、気がついたのです。難しい漢字や横文字を使わないで、わかりやすい文章を書いたほうが、「文章がうまい」と言われることに。

以前に刊行した本で「わたしは絵がうまいと言われたことがない」と書きましたが、それと同様、いやそれ以上に、作文をほめられた覚えがまったくありません。

今も自信がないのが「文章力」です。

わたしの世代は「デザイナーは絵で勝負」という時代だったので、周りを見回して、絵のうまさを感じることはあっても「文章がうまいなあ」と思った記憶がありません。

今のようにＳＮＳが発達して、知り合いの文章にふれて、はじめて文章が上手と知った次第です。

ひるがえって、デザイナーのわたしのことも、誰も「文章力」という観点で見たことはないでしょう。

しかし、本を読むのは好きでした。中学生時代、北杜夫さんの「どくとるマンボウ」シリーズにはじまり、早川書房のSFを読み漁ったり、高校生になったらかっこつけて、わかってもいないのに哲学書を開いていました。

大学生の頃は、文庫本で出ている三島由紀夫さんの本はほとんど読みました。挙げたらキリがありませんが、夏目漱石や芥川龍之介は別格というか、「文章（小説とは感じていないのですが）とはこういうものか」という小説の定型を見せてもらったような気がします。

2人とも、その時代の飛び抜けた秀才であったにもかかわらず、**「読み手に寄り添う姿勢」**に感じるところが大きかったのです。

そのおかげなのか、わたしには「デザイナーとしての文章」という意識はほぼありませんし、逆に言えば「誰にでも使いやすいデザイン」は「誰にでも理解できる文章」と同義だと思うので、専門用語を使わないで表現することを心がけています。

それも、「あえて手間をかけて平易にすること」が大切だと思います。

5
隙間時間はぼんやり過ごす

「有意義なことをして隙間時間を埋める」という考えは、わたしにはありません。

新幹線の座席でノートパソコンを開き、せわしなく作業している人。

他人との関係性を考えると、あれほど身勝手なことはないですね。

とにかく、キーボードの音がカチャカチャうるさい。特に静かさを手に入れるためにお金を払ってグリーン車に乗っているときはなおさらです。

横であんな音を立てられていたら、気が休まりません。

わたしはその「静かさ」を手に入れるためにノイズキャンセラータイプのイヤフォンを買いましたが、面白いもので「耳が微《かす》かな音を聞きに行く」んですね。絶対的な無音にはならない。

大人とは、おとなしい人、音がない人だと思っています。

いずれにしろ「公共の場所」で大声を出して話したり、音を立てたりするのも、大人げない行動だと思います。

「静かな人」は素敵ですよ。

隙間時間に話を戻すと、わたしにはぼーっとしていることが大切なので、移動時間はできるだけぼんやりしています。

何も考えなくていいようなスマホゲームをしていることもあります。

ゲームをしているほうが、逆に何も考えなくてすみますから。

「考えない時間を持つこと」がすごく重要だと思います。

漫然と頭を使っていると、考えなくてはいけないことに対する思考の密度が下がってしまいます。

こんなふうにクールダウンして、次の「ラウンド」に備えましょう。

昼間集中できずに残業をしても、結局、翌日の出張先での顧客へのプレゼンテーション資料が完成しないで、眠い目を擦りながら新幹線に乗って、なんとか打ち合わせに間に合わせようとノートパソコンを開いてカチャカチャやって。

その挙句に上司から「資料はまだ？」と催促の電話がかかってきて、デッキで言い訳の返事をして、席に戻ってコーヒーを飲んで「あーあ」と別の意味でぼーっとしている……。余裕がないですね。

コーヒーチェーンのスターバックスでは「仕事をしているかっこいい自分の姿をみんなにアピールする晴れ舞台」と思っていそうな人を見つけることも容易です。

もちろん、ちゃんと仕事をしている人もいるのはわかっていますが、わたし自身は人の目があるところでは集中できません。これは動物としての人間を考えても、食べ物が取られそうなところでゆっくりと食事（仕事）ができないのは道理です。

コーヒーショップは「**コーヒーの味を楽しむところ**」です。

つまり、ここで言いたいのは、「考えない時間」「集中する時間」を持ちましょう、ということです。

6 スマホやテレビは無理に手放さない

スマホやテレビの見すぎをなんとかしたい。「これだけ」と利用時間を決めても、なかなか守れない。これ、よく聞く話です。

わたしは、だらだらとスマホもテレビも見るぐらいなら、徹底して飽きるまで見たほうがいいと思います。本当にいやになるまで。

それでも変わらないなら、それはひとつの「才能」だと思います。

ですから、あえて「**徹底的に見てみる月**」を作ってもいいかもしれません。

今から10年ぐらい前に、大学でデザインを学ぶ学生のみなさんに「スマホと暮らす」という課題を出したことがあります。

わたしは「楽しくスマホといい関係で過ごすのに役立つ製品」を考えてほしいと

思って課題を出したのですが、多くの学生さんが「一定時間経つとスマホを使えなくなる装置」といったものを考えていて、スマホを使っていることに対して、大人が好意的に思っていないような「勘ぐり」をしたようで、びっくりしました。

もちろん、なかにはスマホスタンドなど、快適に使える作品もありましたが。スマホを否定することを前提とした受け止め方を残念に思って、「みなさんの本心と真逆ですね。なぜ『使ってはいけない』と思ったんですか」と提言しました。

というのも、わたし自身はスマホを敵だとは全然思っていないからです。

実際、今は、公共料金や税金の申請までスマホで操作したほうがやりやすい時代になりましたから、「楽しくスマホを使って、いい関係で過ごす」という捉え方は「時代の流れに沿っていた」と思います。でも、その日のわたしの言葉は、彼らにとっては目からウロコというか、寝耳に水ぐらいにショックだったようです。

デザインは「**次の時代の当たり前**」を考えないといけない仕事です。

スマホはもはや日常に欠かせないものになっているのだから、無理に切り離そうとするより、楽しく快適につきあう方法を考えたほうが建設的ですよね。

7 過激に主張する効率主義者にならない

とにかく効率化。自分の利益や成長につながらないと思う人やモノは排除する。

わたしは、そういう人が苦手です。

最近、YouTubeを観ていて、「**服装と主張の関係性**」に気がつきました。

黒ジャケットにVネックの白Tシャツを着て（そういう流行も過去になっている気もしますが）「人生の成功者になる効率的な仕事とライフスタイルの方法」を説くような人がいますが、わたしは苦手です。

まず見た目からして「ステレオタイプ（類型化）」であることに「自分で服を選んでいない」わけで、さらに言えば、短時間に多くの情報を伝えたいために、自分の主張をやたら早口で言い切る人には、正直困ってしまいます。

わたしが相手の思考についていけなかっただけなのですが、多くの人に伝えたいなら「間」も大切です。

情報の発信者が言っていることは、すべて「自分の中で作り上げた論理」です。長い時間、その自分の論理とつきあっているので、自分の頭の中で勝手に「その論理は当然だよ。みんな肯定しているよ」と悪魔がささやくんですね。

ところが、その論理を世間に出した途端に、「みんなはいかに平素、そのことを考えていないか」に気がつきます。

そこで「反省」と「修正」をすればいいのですが、「みんな、この論理をわかっていない。考えていない」という結論に達して、さらに過激になるといけません。

世の中は広いですから、困ったことに、少数であっても「その論理」に近いことを考えている人たちが存在して、「熱狂的な支持者」を生んだりもします。

わたしもかつてはブログで経験したのでわかります。思ったことをそのまま断定的にブログに書いていて、「自分の考えをわかってくれる人だけが集まる」という状態になっていたことがありました。「**類は友を呼ぶ**」わけです。

しかし「一般性」を獲得するには、そこであえて近い人の共感を捨てて「無理解の海に乗り出すこと」が大切だと思います。

人づきあいに関して、わたしは効率を考えません。

「**偶然は必然を包むパッケージ**」と言ったことがありますが、多くの人とお話をした上でないと自分にとって大切な人なのかどうかが判断つきません。

わたしは、今でも「友人からの紹介」で仕事が成り立っています。

友人には仕事で知り合った人もいますが、ただ「一緒にお酒を飲んだ」から親しいわけではありません。

なかには一度も仕事以外では会ったことのない人もいます。

とにかく効率重視で「信用」を省くことは控えましょう。

「自分の感覚だけで世の中はできていない」んです。

8

タイパ、コスパより、エスパ

わたしは「タイパ（タイムパフォーマンス＝時間対効果）」という言葉は好きではありませんが、日々の行動の中で、自ずと「タイパ」しているようです。

「コスパ（コストパフォーマンス＝費用対効果）」という表現も好きではありません。

でも、無意識に「コスパ」にこだわっているようです。

たとえば、モノはどんどん買うし、どんどん売ります。

服装もそうだし、生活用品や家電もそうです。

結構バンバン買ってバンバン処分したり、古着屋さんに売ったりもします。

なぜかというと一番大事なのは「**エスパ**」だからなんですね。

エスパは造語ですが「エクスペリエンスパフォーマンス」、要するに「**経験をどれ**

だけ効率よく重ねるか」なんです。

以前「書籍を多く蔵書しているかよりも、多くの本を通過したかが大事だと思っている」とX（旧Twitter）に投稿したことがありますが、わたしはすべての事柄において「経験しか手元に残さない」。

実際にその製品や洋服を買って使ったり、着てみないと微妙な差異はわかりません。

その経験は誰かが書いた文章や経験談では「身にならない」のです。

同じデザイン、同じサイズのスニーカーさえも、個体差で履き心地がまったく違うことがあります。

そんな「微細」な経験こそが、ダイヤモンドです。

第2章

「セルフイメージを持つ」を削らない

9

自分の「敷居の高さ」を客観的に見積もる

わたしはずっと人に怖がられているフシがあったようです。

どうもそれは人相の問題ではなさそうで（写真はいつも笑顔ですから）、デザインした製品の「佇まい」と、長年書いていたブログの内容によるものだとわかってきました。

妥協がないというか、製品も細かいところまで作り込んでいるように見えるし、文章も一筋縄ではいかない気配があったようで、「この人と仕事をするのは大変そうだ」、さらには「こんな仕事を頼んだら怒られそう」と思われて依頼をされない。

デザイナーとしては「ブランドイメージの作り方」に失敗をしているようなものですが、なぜかインタビュー記事の依頼はそれなりにあるわけです。

インタビューでも、仕事の話というよりは「デザインって、そもそもどういうものですか」と、本質というか哲学的なことを聞かれるので、そういう意味では「悪くないブランドイメージ」なのかもしれません。

でも、これまで工業デザイナーとしてなんとかやってこれたのは、学生時代や社会人時代の友人たちの紹介のおかげです。

まるで会員制のお店みたいですが、わたしの内実を理解してくれている友人の口利きがわたしの生活を支えてくれています。

その一方で「言葉の敷居」はほぼ撤廃状態で、バリアフリーのお家のように「優しい」「癒される」という感想をいただくようにもなり、敷居の二刀流というか、ギャップが大きすぎて、わたし自身も驚くばかりです。

そもそも仕事に対して神経質にああだこうだとは昔から言ってもいないし、わたしの実像は「文章」のほうが近いのです。

しかし「厳密に見える」「精緻《せいち》に感じる」というイメージはそう簡単に作れるものではないので、今となってはこの「**敷居を高く、敷居はなくす**」の両面を備えていることは、長く仕事を続けることにつながっているように思います。

10 ときには無個性になる

かなり前のことですが、「就職活動でリクルートスーツを着ることは個性をなくす」とブログに書いている人がいました。

わたしはリクルートスーツ大賛成です。

なぜかというと、ある地方の旅館に泊まった翌朝、新聞の折り込みにユニクロの広告が入っていたのを見たからです。

こんな場所にもユニクロがあって、東京で売られているものと同じものが買える。

これはすごいなと思ったのです。

リクルートスーツは、いろいろなメーカーが安い値段で販売していますよね。

1万円出すとスーツが買えるのはすごいことです。

それによって、就活生は最低限の条件がクリアできます。

「自分の個性を出そう」なんて言うと、その学生の経済状況がわかってしまいます。

それでも、「リクルートスーツだ」と言い張って、有名ブランドのスーツを着てきてしまう人もいるかもしれませんが、それは本当に一部です。

リクルートスーツというのは、みんな一緒。

ある意味、学生服と一緒です。

個性も特徴もなくて、首から下は何もないかのように見せられるのがリクルートスーツです。

条件が一緒ということは、「人」を見てもらえます。

自分を磨く甲斐があるというものです。

だから、わたしは大賛成です。

もちろん、似合っていたら、さらにいいですけどね。

11 誰も見ていなくても「常識人」でいる

仕事で大事なのは、エチケットや挨拶、日常の生活態度です。

わたしに仕事を紹介してくださった人たちは、結局のところ、「デザインについてはわからないけど、平素の秋田さんを見ていると常識もあるし、マナーもユーモアもあるから、紹介先ともうまくやっていくだろう」と考えたのだと思います。

この話はデザイナーにかぎりません。

仕事以外がちゃんとしていないと、仕事のレベルも上がっていかないのだと思います。

ＡＩの進歩で一躍世界一の半導体メーカーになったＮＶＩＤＩＡの創設者であるジェンスン・フアンさんのエピソードなのですが、彼が起業した際、職場の上司に

「CPUでは処理しきれないから、映像専門のデバイスを作るべきだ」と話したところ、上司は彼が何を言っているのか全然理解してくれなかったそうです。

しかし「平素の君が真剣に仕事に向かっていることを知っているから、その試みは間違っていないだろう」と言って、投資家を紹介してくれたというのです。

かといって、先生が見ているときには掃除をするのに、先生がいなくなったら箒で遊ぶのは小学生まででやめましょう（小学生でもダメですが）。

人の目ではなく、「**自分に対する自分の目**」に嘘をついてはいけません。

どこで誰が見ているかわかりません。

少なくとも自分は見ているわけですから。

12

清潔感は余裕の鏡

「清潔感」というのは、異性の好感度を上げるためにあると思っている人も少なくないと思います（特に男性は）。実は結構深い「人としてのありさま」を、端的かつ総合的に判断するための要素のように思います。

昔、地下鉄に乗ったときに、隣の席に座っていたビジネスマンの袖口が目に入ったんですね。袖口が、長年着用していたことを示すかのように擦れて傷んでいました。

それが気になって仕方ありませんでした。

やがて謎が解ける瞬間が来ました。ジャケットの裏側がほのかに見えたんです。

誰もが知っている、ある海外の高級ブランド名がキラキラッと光っていました。

「そうか、このスーツを着ていることが誇りなんだ。誇りがほころんだんだ」なんてダジャレを思って、あとにしました。つまり、その方は大枚をはたいて購入したスーツに着られて「清潔感」すら忘れてしまったわけです。

わたしは**「ケガをした人にとっさに差し出せるぐらい清潔なものでなければ、自分に不相当なものを身につけている」**という判断基準があります。

そういう意味では、いつでも（灰燼《かいじん》に帰しても）、何があっても構わないというものしか身につけないようにしています。

なぜ清潔感が「総合的に人のありさまを判断する」かといえば、清潔感はそう簡単に手に入らないからです。まず健康であって、血色もよく、爪もこまめに切って、毎日風呂に入り、時にはハンドクリームも塗って、睡眠も毎日8時間程度とるようにする。もちろん下着は毎日変えるし、ハンカチも毎日変える、といったことが必要だからです。

「清潔感＝信頼感」だと思っているので、それをする価値はあります。高価なものを身につける必要もありません。

当たり前ですが、清潔感は内側からです。

しかし、それを封じない程度には見た目も整える必要があります。

そうでないともったいないないんです。

13

悪いときでも自分を信じる

わたしは1953年生まれですが、1976年から1978年までの3年間は、オイルショックの影響で就職氷河期。その真っただ中で就職活動をしました。

大学の試験倍率は20倍を超えていました。そんな競争をくぐり抜けて、いざ就職となったら就職先の会社があまりない。びっくりですね。

最初に受けた会社には落ちました。**でも悲観することはなく、「これだけ難しい状況で、これだけ勉強した自分が、就職できないのはおかしい」と居直っていました。**「**やるべきことをやってきた**」という自信があるから、デザインの神様がほうっておくわけがないと思えたのです。悪いときでも自分を信じられるかは重要です。

よく「根拠のない自信を持て」などと言いますが、わたしの場合、根拠はあったわけです。根拠のある自信はやっぱり強いです。

14

謙虚になっても謙遜はしない

日本語の言葉には、細かなニュアンスの違いが含まれています。
それだけ人間関係が濃密な民族なのだと思いますが、近い意味の言葉には、微妙な**「ニュアンス」**があります。

たとえば「謙遜」と「謙虚」という言葉は、英語に訳すと、「Humility」というひとつのワードに集約されてしまいます。

それを知ったときにはびっくりしました。
なぜなら、まったく「ニュアンス」が異なるからです。

謙遜は「いやー、わたしは大したもんじゃないですよ」と相手からの「ほめ」や「からかい」を「いなす」道具としての言葉です。

一方、「謙虚」というのは、自身を客観的に見つめて相手の言葉を受け止める気持ちです。

わたし自身、謙虚でいたいと思っていますが、相手の言葉よりも自分の分析のほうがもっともだと思った場合は、「いや、そのことについては自信がありませんが、このことについては想像されているよりもできるように思います」と返答するようにしていました。

ちなみにほめられても、ニコニコしているだけで、「嬉しいです」とすんなりと受け止めて、「それほどではないです」なんて謙遜はしません。

15 贅沢とは、長く穏やかでいるということ

わたし自身は**「そこそこの暮らしぶり」**で全然いいと思っています。

出世しようとかリッチになりたいという目標はありませんでした。

ただ「有名にはなりたい」と思っていたので、その部分は「そこそこ」ではありませんが。

収入が増えようが減ろうが、生活ぶりは変わりません。

幸いにも、わたしの奥さんもつましく穏やかな人なので、質素を強いるわけでもなく「そこそこ」の生活レベルを「我慢」とは思わず、ずっと安定して続けています。

基本的に堅実です。いわゆる表面的に贅沢ではないのですが、長い期間同じ状態でいられることはとても贅沢なことです。

でも、お金は、使うところには使っています。自宅と事務所をわけて、なおかつ自

宅と事務所を近い距離にしています。

自宅も事務所もそうですが、そこそこの高台にあって、公園が近く、図書館も近くにある場所を探しました。

怖がりなのでいつ天災があるかわからない、という前提でいるわけです。

景色より、安全重視でしょうか。

これまで家族のことについてはあまり書かないようにしてきましたが、子供たちには駅からも学校からも遠くないところで育ってほしいと思っていました。

教育熱心というわけではないものの、「同級生を通して自主的に学びたくなる」「学校に穏やかな人が多そうな印象がある」（よくはわかりませんが、住宅と相関するかなと思っています）という環境を整えるのも、親の役割だと思ったわけです。

そういった、間接的な教育費をかけてきました。

堅実に暮らして、健康や教育といった人生の要の部分にはお金を惜しまない、そういうお金の使い方をしてきてよかったと思います。

第3章

「相手優先の進め方」は削っていい

16

聴かなくていい話は聴かない

会議の話をします。わたしには、会議で聴くべきポイントと聴かなくていいポイント、あるいは見せ場とそうでない内容が、なんとなく直感的にわかってしまうところがあります。

「前回と違うことを言ったな」という瞬間には、ピッとアンテナが立つのです。

たとえば30分遅れて会議に出席する人に「これまでどんな話が出た？」と尋ねられたら、「こんな話とこんな話が出ました。あとは流してもいい話しかしていません」と説明できます。

「中身のない無駄な会議はするべきではない」という意見もよく聞きますが、**そもそも中身を濃くできるかどうかは、自分次第ではないでしょうか。**

無駄な会議を無駄ではないものにする、そんなふうに考えるといいと思います。

17

アウトプッターになる

「おいしくて甘いトマトを作るには、痩せた土地で、枯れるかどうかのギリギリのところで水をやるとよい」という農法があると聞いたことがあります。

その「農法」をヒントにして、わたしはデザインに関する新しい情報のインプットをやめました。

昔は貪るようにデザインや建築に関する雑誌や本を読み漁っていましたが、2000年になったことをきっかけに、雑誌や本から距離を置くようになったんです。

さらには小説を読むこともやめました。それで本を書いているのもおかしな話ですが。

自分の文章を読んでいると、「**文字を読んだ満足感**」を覚えるので、今は本に対する欲求が減りました。

それと、わたしが言いたいことと同じような内容が書かれていることがあるので、結果として真似になるのを防ぐためでもあります。

世の中を見ていると、どうも「インプット（情報）命」というか、情報を集めた時点で満足してしまう人が多いように思います。

メディアが流す記事にしても、SNSにあふれる投稿にしても、情報を精査しないであれもこれも信じて、振り回されすぎていないでしょうか。

これからは、インプッターではなくて、アウトプッターになりましょう。

自分からアウトプットすれば、恥もかくし、痛い目に遭うので、学習効果は高いですよ。さらには自分がアウトプットした瞬間に弁が開いて、インプットが「侵入」してきます。

無理矢理入ってくるその情報は、まさに「**今時を凝縮したエッセンスの一滴**」のようなもので、それをトマトに与えるだけで十分な肥料になるものです。

18

返事は早くしても相手にはせかさない

物事の問題というのは、放置するほど傷口が広がります。最初は簡単なことでも、保留にして日にちのウエイトがかかると難しい問題に変貌していきます。

なので、わたしはとにかく返事は早くしています。

でも相手に同じことは求めません。相手はせかさないで、自分が勝手に急ぐ。自分は急ぐけど、その分、相手に時間をプレゼントするという考え方です。

子供の頃から夏休みの宿題は7月中に終わらせて、それ以降は絵日記だけ書いていました。

次の日に解決を持ち越すのはいやな性格で、とにかく、のんびりとしていられなくて、お風呂もトイレも食事も早い子供でした。

コスパやタイパではなく、これは天然の性質ですね。

穏やかであってものんびりはしたくないのです。

みなさんも、相手を思って、返事を早くするようにしてください。


わたしは肩書もステータスもないので、「これが出世の条件だ」みたいに言い切ることはできません。ただ、長く独立してやっている中では、そのあたりの信頼、つまり「納期に絶対遅れない」という信頼を得ることを大切にしてきました。

すぐ対応できないときは、自分に、乗り切れない考えがあるときです。

つまり、「**遅れるときには意味がある**」ということです。

即答できないことに意味を持たせるためには、日頃即答しておくこと。

会社勤めの場合も、「今日は友達と会いたいので」と、スッと定時に帰るためには、普段の仕事を120％ちゃんとやっていることが必要です。

「あの人が言うんだったらしかたない」となるように、ということですね。

19

まず何をするかではなく何をしないか

優先順位で大事なのは、何を最初にするかではなく、何をしないかを決めることです。

わたしの場合、やらなくていいものは視界に入りません。

優先順位のランキング外にあります。

頭の中にはいつも多くて3つのことぐらいしかなく、それ以外の雑多なことは「**未決裁の箱**」に入れてしまうような感じです。

そして、やらないものは、見えるところに置かない。

書類は目に入ると気になるので、とにかく目の前から消します。

座っている場所の後ろに置くだけでもいいのです。

これ、意外ですけど、後ろにあると気にならなくなります。

とにかく人は目の前の情報に惑わされるので、考えごとをしたいときは、他人が書いた書類は目の前に置かないようにしています。

もちろん仕事の段取りを考えるときも、優先順位ではなく、**「しないリスト」「しないこと」**を決めたほうがいいですね。

なぜなら、「何を優先すべきか」は変わる可能性があるからです。ある案件を突然「前倒しにしてくれ」と言われれば、優先順位はくるりと変わります。

あらかじめ自分が決めてしまうと融通が利かなくなるので、「やらなくてもいいものだけ決めて、3、4位は同着」としておいたほうが、後々助かります。

いろいろな面で、自分で決めつけないことは大事だと思います。

「主体的になって決めなさい」と提唱する本もたくさんありますが、現実問題として、複数の人が関わる仕事ではそうはいきません。

やはり、自由でいるには不自由も受け入れないといけないのです。

20

締め切りは「前倒し」に設定する

仕事の締め切りは、だいたい自分で決めます。

たとえば「20日先」と言われたら、わたしの中で「**14日先**」に設定します。

普通に予定されているスケジュールより、自分がやる部分は短めにするために、「時間をかける必要はないです」というふうにする。

そうすると攻めの気持ちになるというか、受け身ではなくなります。

気持ちの負担も減ります。

だから早め早めにする。


別の本でも書いていますが、わたしの場合、50％ぐらいの気持ちでやっても8割ぐらいは達成できてしまいます。

でも、本当に大事なのはそこから先。その先が難しい。その先の90％がそれまでの倍の時間がかかるし、95％にするにはまた同じぐらいの時間がかかります。

急に難しさの度合いが上がるのです。

まず大事なのは、お互いに「**見える化**」すること。

取引先がデザイナーに対して抱くイメージは、「デザイナーってわけのわからないことを言う人種」「どんな形を作ってくるかわからない」というのが一般的です。

「やりたいことがバーンと決まっていて、あまり相手の話を聴かない」という先入観があるので、おっかなびっくり打ち合わせをする、というケースが多いのです。

ところが、わたしは案外、人の言うことを聴くようで、逆の意味でびっくりされます。

一方的にではなく、相手を尊重しながら、スピーディーかつ主体的に仕事を進めていく。そこがミソです。

21

協調性のあるウサギになる

取引先とのコミュニケーションに関しては、わたしなりのテクニックがあります。

先述のように、相手の話はもちろん聴くようにしています。

そしてわたしの頭の中で仮想のビルを作って、エレベーターで5階ぐらいにありそうなデザインにレベルを上げておき、「わかりました。では」と言って、一度その**「5階ぐらいの絵」**を勝手に描きます。そして「これはやりすぎですね」と言って、今度は4階レベルの絵を描いて相手と折り合うようにしています。

相手の方には、その設計にどういう可能性があるのかわかりませんから、1階か2階に描かれるもの、つまり「ありがち」な格好は提案せず、はじめからぐんとレベルを上げてしまう。そういうテクニックを使うのです。

ただ言えるのは、5階の絵を描いてもそうびっくりはされないので拍子抜けすることも少なくはありません。まずは「**叩かれ台**」のつもりでやってみることですね。

ここで、「何が4階なのか」と訊かれると困ります。というのも、わたしは、あまり世の中にあるようなものをデザインしていないんですね。

たとえば「朱肉」をイメージしなさいと言われると、ほとんどの人は、丸くて漆でできているようなものを連想するでしょう。

それを、わたしは、アルミの削り出しの四角いブロックで作ったりする。

わたしがデザインする湯のみも、湯のみの世界観から逸脱しています。

でも、湯のみなのです。

ぱっと見はわからないのですが、持ってみると湯のみだとわかる。

持たないとわからない。

そういうデザインは、なかなか相手を説得するのが難しいものです。

というわけで、いつも先へ先へと進めるようにしています。

「ウサギとカメ」の話ではいつも亀がほめられますが、ウサギのように**「さっとゴール地点まで行ってから、亀と同じ地点まで戻ってもう一度競争する」**という、そういう優しさや協調性は必要かなと思っています。

わたしの場合、実を言うと本当の協調性ではなく、人から引っ張られるのがいやで、負けん気があるから、できるだけ自分から引っ張っているわけですが。

これはウサギとしての走力、持久力が備わっていないとできないのも確かです。

創造力、創意力と言ってもいいのでしょうが、それを磨く努力は欠かせません。

わたしは、本は相当読んできました。

海外のデザイン雑誌や建築雑誌を大量に読みふけっていた時期も長いです。

走力の差は情報量でつきます。デザインの質は知識の量に比例すると思っています。知識がないのにできる人は、あまり見たことがありません。

ただ、そういう自分の優位性を誇らない、これは心がけています。自分にゴール地点の景色が見えていることを、あからさまに伝える必要はないのです。

22

「仕事ができる人の知恵」を拝借する

仕事ができる人の本はぜひ読んでほしいです。

一般的には、「ビジネスの世界では、人を出し抜くのが勝ち」というイメージがありますよね。

でも「相手とは対等につきあって、親切にしたほうがいい」というのは、仕事ができる人はみんなやっています。

わたし個人も、「**みんなでうまくやっていこう**」というのがリーダーシップなのではないかと思っていました。

できる人の本には本当にそう書いてあります。

つまり、そういう本を読むことは、人徳をも上げると思います。

23 尊敬できる先輩のアドバイスには耳を傾ける

仕事では、賢い人に話を聞くことが、とても大切です。

信頼できる、信用のおける賢い先輩に話を聞き、それを信じて実践すること。

下手に疑ったりせず、まずは素直に、愚直に先輩の言うことを聞く。大学生なら、先生にアドバイスされたことはまずやってみる。そこで自分の意見を言わない。

絵を3枚描くなら、2枚は人からのアドバイス通りに描き、3枚目に自分の考えを入れたものを描く。

結局は、やんちゃでも、かわいげのある後輩でいることが大切です。

自分が先輩になったら、ちょっと抜けた先輩でいるのがいいでしょう。

わたしはいつも、後輩からは「**秋田さん**」、同級生からは「**秋田くん**」、先輩からは「**秋田**」と呼び捨てにされたいと思っています。

MESSAGE 1

何かを足さずに、そぎ落とす

デザインという仕事は、良し悪しがわかりにくいので、つい「見せ方」に工夫を凝らすのですが、凝り出すとキリがありません。だからわたしは、できるだけ「シンプル（簡素）」で凝らないようにしています。

大事なのは「余白」です。

人は余白を見て自分の思う形や色を想像して埋めてくれます。

それは文章でも同じです。全部は書かない。

そうすれば、それぞれの人の経験や知識が行間を埋めてくれるのです。

余裕がなければ余白は残せません。

余白が「無」に見えないのが教養です。

第4章

「伝えるときは柔らかく」を削らない

24

後輩にはいつも優しく接する

大学4年のとき、先生から、「すでにその会社に就職した先輩がいるから、挨拶を兼ねて会社を見てきたら」とアドバイスされ、ある関東の企業に就職を考え、会社訪問をしたことがあります。

そこでとある先輩にはじめてお会いしたのですが、その先輩から出てきた言葉が衝撃でした。「なんで君は今頃ノコノコやってきたの。入社希望者はすでに（おそらく前年に）研修を受けているよ」。

あらあら、遠く愛知からここにたどり着いた後輩に対して、ずいぶんな「かわいがり」をするなぁと、ある意味感激しました。

それぐらいわたしには、その先輩は「これまで見たことのない人格」でした。

今にして思えば、先輩のようなタイプは世間のどこにでもいそうな気がしますが、わたしはそれまで会わずにすんでいたという意味で、きっとラッキーだったんですね。

結局、就職試験の面接で、絵やアイデア、そして端的に問いに答える様子をほめていただいたのですが、入社したとしても「あの先輩がいるのか」という思いがよぎっていました。そして、わたしが愛知の下宿に戻った翌日には「不合格」という、わかりやすい電報が届きました。

その知らせの迅速さから、わたしは「秋田には早く知らせて次の機会に備えてもらおう」という会社（部署）の優しさだなと受け止めました。

その先輩のようなやり方で後輩に対応する（後輩だけじゃないと思いますが）人もいると知ったわたしは、ただでさえ不安な気持ちでいる後輩には、できるだけ優しく接するようにしています。

結果的には「**親切**」の大事さを教えてもらったんですね。

どんなときも相手の心に痛みを残さない、優しい言葉を選びたいものです。

25

「身近な人への賞賛」を忘れない

もう10年ぐらい前のことでしょうか。

デザイナーを目指している学生さんらしき人が、ブログに「○○さんや○○さんみたいに有名になりたい」と、当時よく見るデザイナーの名前を列記していたんです。

気になったのは、名前をあげた人の仕事に脈絡がなかったこと。

つまり、「有名人＝目指すべき対象」だということです（わたしは当時ブログをやっていたので、その学生さんのブログは、アウトプットした瞬間に入り込んできたつむじ風です）。

その文章を読んで誰がハッピーになるのか。

きっと書いている本人だけですね。

「あの人、好きだな」とか「あの人はすごいね」とか、本人とは関係ない遠い人をほめると、近くにいる人はちょっと、いや、かなりがっかりします。

そして自分の存在が、なぜか小さくなったような気持ちになるのです。

要は「**無邪気の残酷**」です。

だから、いくらいいと思っていても、口に出さないほうがいいです。

その代わりに、おせじでもいいから「自分と一緒にいる人」をほめることです。

身近な先生にかわいがられて、同級生ともバランスのいい関係を保って、その一方で、虎視眈々《こしたんたん》とデザインセンスを磨くのが賢明だと思います。

26

感謝の言葉は省略しない

わたしにとって、削ってはいけないものの筆頭、それは感謝の言葉です。

さらに言えば、「ありがとう」ではなく、**「ありがとうございます」**が正規ルールだと思うんですね。でも、年輩の方の中で、「ありがとう」「ありがと」と短縮してしまう人をよく見かけます。

商店街で買い物をしても、一定の頻度で「ありがとね」と言われることがあります。もちろん、相手が、どう見てもわたしよりも年配の人ならともかく、自分も年配になってからもその対応が変わらないので、違和感が増すばかりです。

「ございます」まで言うと「負けた」「損をした」ような気分になるのでしょうか。

あくまでも感謝の言葉は、年齢に関係なく「ありがとうございます」です。

本当にささいですが、相手ののどに引っかかる「言葉の小骨」を作らないことです。

27 「面白い」「かわいげ」があると強い

小さい頃のわたしは、親戚のおじさんやおばさんに育ててもらった部分が大きいです。絵がうまいと言われたことはありませんが、「よくいろんなことを知っていて、面白いことを言う子供」として、ずいぶんかわいがってもらいました。

その頃からサービス精神が旺盛だったのかもしれません。


社会を渡るには「**面白い**」や「**かわいげ**」は結構大事で、わたしは面白い人や、かわいげのある人はみんなきらいになれません。

わたしは「スペシャリスト」とか「巨匠」「大御所」と言われたいわけではありませんし、「貫禄」も「オーラ」もありません。

今でも昔と変わらない体型と服装ですし、昔と変わらず、いつも冗談を言っています。

だいたい「わたしの考える、いい打ち合わせ」というのは、30分のうち25分ぐらいは最近の世間話と冗談を言って、最後の5分間で「これとここのところだけうまくできていれば、あとはお任せします」とだけ言うんです。

別名「**よきにはからえ会議**」です。

講演会も、とにかく笑いがないとダメだと思っています。

なぜかというと、笑わないと相手の心が開かないからです。

言葉は、「わはは」と笑っている相手の口の中に入っていくのです。

頭ごなしの言い方では入っていきません。

冗談の中に、時々はピシッとした言葉を織り交ぜることもありますが、そういった言葉も、笑いの中でこそ心に沁みるものだと思います。

28

伝えたい言葉は略さない

言葉は生き物です。常に変化をして新しい言葉が発明されます。

最近では「恥ずかしい」と言わずに「ハズい」という省略語をよく耳にします。

その言葉についていくかどうかを、年齢と重ね合わせて「最近の言葉にはついていけない」なんて嘆く必要はありませんし、逆に言えば、「年齢によって理解されるか否か」という言葉は、平素から言わない（書かない）のが肝要だと思います。

同様に「カタカナ語」はなるべく使わないように心がけています。

「マウント（自分を優位に見せる）」という言葉も、またこの10年ぐらい闊歩している言葉ですが、こんなに端的な「マウント」もありません。

本来、英語が公用語でないにもかかわらず、英語から引用した言葉をいち早く使うことの快感に酔いしれるわけです。

面白いのは、わたしの職種である工業デザイナー（インダストリアルデザイナー・プロダクトデザイナーという呼び方もあります）は、その言葉からして「カタカナ」ですから、仕事柄カタカナ語を多用する「危険性」を大いにはらんでいます。

しかしわたしは、信号機をはじめ、さまざまな「公共機器」のデザインに携っていますから、できるだけ多くの人に使いやすい機能や造形をする必要があります。

ゆえに、その製品を説明する文章が、聞いたことのない語彙やカタカナ語で書かれていたなら、「言っていることとやっていること」の間に矛盾が生まれます。

ただ「新しい言葉」「知らなかった英単語」には、これから来るトレンド（流行ですね）を「包含」している可能性もあるので、少しは使ったほうが、自分にも読む人にも刺激になるかもしれません。

ただその場合は、ちゃんとその言葉の意味を添えて「**新しい知識を共有する**」という視点が必要かと思います。

29

会話に必ず新しい情報を入れる

話が面白いことと、新しい情報が入っていること。

わたしは、会話の中で、この2つを心がけています。

先に書いた「インプットしない」ということと矛盾するかもしれませんが、ちらっと見た新聞やSNSのニュースでも、自分の中に「**引き出し**」があれば十分に会話で使える話題にはなるものです。

先日も「アトム化」という言葉を知ったので、さっそく人に話しました。

アトム化とは、『鉄腕アトム』のことではなく、「原子化」という意味だそうです。

個々の人たちの生活が「単独の原子」として成立してしまい、社会的な結びつきが弱くなっているという今の状況を、「アトム化」と表現した人がいるのです。

ある漫才で「子供の頃好きで、大人になるとすっかり忘れていて、歳を取るとまた集め出すものは何か？」というクイズのようなネタがありました。

答えは「キーホルダー」なんですね。うまいこと言いますね。

なぜキーホルダーの話をしたかと言えば、まさに自分が今、はまっているからです。主に「ガチャガチャ」なのですが、わたしの事務所の近所にカプセルトイのショップができ、それが別の駅でも見かけるようになったのです。

調べると、それはDVDレンタルのGEOグループだとわかりました。

GEOは2nd STREETという古着店で大きく業績を拡大していて、どなたの提案でカプセルトイを始められたのかわかりませんが、本当に「身近から変化している」のを感じます。

わたしの頭の中には、そんなどうでもいいような情報が詰まっています。

「へえ」と思うようなこと、人が知らなさそうなことを知るのが好きです。

「役に立つ・役に立たない」という区別もあまりついていないのかもしれません。

でも、それでいいと思っています。

30

悪口で人を集めない

悪口が好きな人っていますよね。実はわたしも**「口が悪い」んです。**

日本語は面白いですね。「悪口」と「口が悪い」では同じ漢字を使うのに、かなりニュアンスが異なります。

「悪口」では、ただただ相手をけなして自分を立てようと思うだけで、そこに「救い」がありません。

「口が悪い」というのは、ある意味「正直」とも言えます。

みんなそう思っているのに口に出せないことを、さらっと面白く表現できるのが「口が悪い」というニュアンスです。

さらに言えば、「その人自身が人を悪く言えるほどできあがってもいない」という諦観（？）すら醸します。

ですが、「他人への悪口」で自分の存在感を示すのは、生き方としてちょっと危ないと思います。


なぜなら、同じように、悪口で存在感を示すような人が集まってくるからです。

さらに困ったことに、同類なのに、心の底ではあなたのことを悪く思っている可能性すらあります。


まさに「誰も信じられないグループ」が誕生するわけです。

会社であれば、同僚や先輩後輩もいて、「守られるカプセル」があるでしょう。

でも、定年を迎えたり独立したりしてひとりになり、「カプセル」がなくなったら、あなたの「存在意義」も危うくなります。


唐突ですが「敬語」「丁寧語」というのは便利で無料です。

さしあたって「トゲ」は覆い隠せます。

内心はどうでもいいですが、「**家では裸でも外出するときには洋服を着ましょう**」。

31

SNSで暗いことは書かない

SNSでは、ことさらに「いいこと」を書く必要はありません。

ですが、悪いことは書かない。これは守ってほしいと思います。


よくないのは、人のネガティブな発言に乗っかって拡散することです。

わたしも、そうした「炎上」に巻き込まれたことがありました。

わたしがデザインしたある製品について、「安全性に問題がある」と非難する人が現れ、それを信じた人たちが投稿を次々と拡散していったのです。

わたしに向けた批判的なコメントもずいぶん付きました。


でも、結論から言うと、それは投稿者の思い込みからくる誤った情報でした。

「たまたまそのように見える写真」を見ただけで、「こう」と決めつけていたようでした。

実際には指摘されたような問題はなく、安全性が確保されているということで、関係者からは「助かる」と感謝されていたのです。

でも、当時、そこまで大きな反響があることに慣れていなかったので、コメントの内容の良し悪しについて自分から反論することはしませんでした。

とにかく「**いっぱいコメントをいただき、ありがとうございます**」と返信していました。

あとで知り合いから「あの対応は正解だったと思います。妙な反論をせずに受け止めるに留めておくのが一番です」と言われました。

何かを言うことで、より事態が悪化することが多いからです。

悪いことは書かない、拡散しない。悪いことを書かれても反論しない。

これが賢いＳＮＳとのつきあい方ではないかと思います。

32 「これについては言わない」を決めておく

わたしが穏やかでいられるのは、物事の美しいところだけを取り出す能力があることとも関係しているかもしれません。

もちろん、「都合のいい（美しい）もの」だけを見て育ってきたわけではありません。いろいろなことを知った上で、トリミング（切り取り）しているのです。

話すことや書くことに関しても、わたしの中で「**これについてはふれない**」というものがはっきりしています。

これは、プロダクトデザイナーという職業柄もあってのことです。

たとえば、政治のことはいっさい書きません。それは、タクシーの運転手さんが「野球やサッカーでどこのチームが好きか」を言わないのと同じです。

政治や宗教など、人と意見が対立するような話題は絶対書かない。

ニュートラルでいないといけないと思っているからです。

タレントやミュージシャンなどの多くは自由に発言していますし、政治的な信条を表明する人もいます。ミュージシャンなら音楽が売れれば生活できるものです。

むしろ、尖れば尖るほど収入が増えるシステムがあったりもします。

でも、いろいろな人と関わりながら「あんなこともこんなこともやります」という人が、人と意見が対立するようなことを書いてはいけません。

そもそも「何が善か」というのはわからないものです。

その時々で人は変わるものですし、無駄な軋轢《あつれき》を避けるためには気をつけるべき話題というものはあります。


思っていることを全部言わない。知っていても全部言わない。

それは大人のたしなみであると同時に、重要な処世術でもあります。

「秘すれば花」ではありませんが、「言わないこと」には意味が生まれます。

第5章

「世間の定説」は削っていい

33

「今という時代」と仲良くする

エイジレスな自分でいたいと思います。

60歳になったとき、「わたしはすでに70歳」と思うようにしました。

実際に70歳になったら、もう10年間70歳ですから、70歳の大ベテランです。

実際の70歳を迎えたとき、もう自分には「**年齢はない**」と思うことにしました。

80歳のシミュレーションもしません。

これも「よきにはからえ」です。

誕生祝いのメッセージもなくてかまいません。

小さいケーキを2つ買って、晩御飯のあと、妻としゅくしゅくっと食べて終わります。

年下の人に「秋田さんみたいに歳を取りたい」と言っていただくことがありますが、その意味するところは「服装」と「話題や言葉のチョイス（選び方）」にコツというか、何かポイントがあるように思います。

常に「今」を面白がり、「今という時代」と仲良くしてきたことが、そう思ってもらえる理由なのかもしれません。

見た目の部分で言うと、服装のセンスに関しては、若い頃からの積み重ねだと思っています。

ただ、ひとつ大事なのは、値段ではなく、清潔かどうか、新しいかどうか。古いものでもかまいませんが、古臭くならないことです。

髪や体のメンテナンスも大切です。わたしは20日に1回散髪に行き、1か月に1回は歯科医院、1か月半に1回は病院に通っています。

エイジレスに年を重ねるには、そうした「**最低限、おさえるところはおさえる**」という心がけが必要ではないかと思います。

34

サンダルは履かない

わたしは、サンダルは履きません。そして、必ず長ズボンと靴下を履いています。
「サンダルはダサいから」ではありません。
どれもケガをしないようにする心構えです。

不意の出来事ってあるものです。ちょっと角に足をぶつけただけでもケガをすることがあるから、サンダルはいけないのです。

そういう意味で、靴下も必要だし、長ズボンも履かないといけません。
半ズボンの男性がベビーカーを押しながら歩いているのを見かけることがありますが、ベビーカーにも突起があるので、急いで動かしたときなど、切り傷を作る可能性があります。

「出張先でケガや病気をすると周りにも迷惑をかけるので、遊びに行かずにホテルでじっとすべし」（16ページ）というのと同じです。


わたしの中では、サンダルを持っていること自体がダメです。

とにかく外出するときの半ズボン、裸足、サンダルは厳禁。

いつ地震があるかわからないし、急に気温が下がって寒くなることもあるので、ラフすぎる格好の人は油断のかたまりに見えます。

ラフな格好で乗り切れる人もたくさんいますが、センスは「**流行を越える**」ものです。みんながしていても、そうでない「**安全な格好**」をすることこそ、センスだと思います。


わたしは寒がりで、「伊達の薄着」をするとすぐ風邪を引くので、半袖もあまり着ません。夏でもTシャツの上にカーディガンを着ていることが多いです。

ファッションがどうという以前に、身を守ること、とっさの事態にも対応できる身なりでいること。これも日常に欠かせない心構えではないでしょうか。

35

「老害」とは個人の性格の問題

「老害」という言葉があります。年配の人の行状を批判するのによく使われる言葉ですが、その言葉を聞くたび、**「なぜ誰もがいずれ確実に歩む道だという発想を持たないんだろう」**と「老害側」のわたしは思います。

まあ、「自分だけはそうならない」と思いたい気持ちはよくわかります。

根本的な話をすると、老害というのは、元々問題のある人が歳を取っただけというのがわたしの結論です。

いわば若くても「老害性の人」、つまり「場所をわきまえず大声で威嚇するようなタイプ」はいるでしょう。

つまり、歳を取ったからみんな「声が大きくなる」わけではありません。

あるとき、こんなふうに嘆く人がいました。

「昭和の時代に自分の意志を押さえつけられて育ち、今、自由な行動が許される立場になって、どうしていいかわからない」。

わたしは昭和の真ん中生まれですが、このように都合よく「時代」を持ち出して言い訳に使うことにはまったく共感を覚えません。

時代のせいにしてはいけないと思います。

わたしは昔も今も言いたいことを言っています。

人に言われたことに従っているなら、それは自分がそういう性格だというだけです。

「老害」と言われる側も、元々若いときから自己中心的だったり、人に理不尽な要求をする性格だったりするわけで、それを時代が許していただけの話です。

若いときに「大人はわかってくれない」と言っていた人にかぎって、歳を取ったら「今どきの若い者にはわかってもらえない」と言います。

もちろんわたしも、世代間のギャップに戸惑った経験はあるし、「『今どきの若い者は……』なんて言えたら気がラクだな」と思うこともあります。でも、言いません。

「江戸っ子はかっこよくそばを食べるために、つゆをつけたくてもほとんどつけない」という話がありますね。

わたしにもそういう考え方があって、ずっとそう生きてきたので、「我慢慣れ」しているのです。

「老害になるかメンターになるか」というテーマの本も出ているようです。

そのわかれ目は、必ずしも年齢ではないとわたしは思います。

「前に出たい」という欲をコントロールして、「相手を認め、やらせてあげること」の価値に気づき、実行できるかどうかです。

それができる人は、たとえ若くてもメンターになることができますし、どんなに年を重ねても老害になることはないでしょう。

36 完璧を目指すより まず終わらせる

8割方でいいので、自分がやるべきことはまず終わらせることが大事です。

これは、夏休みの宿題を7月中に終わらせるのと似ているところがあります。

なぜなら、複数で集まって仕事している場合、自分の考えていることが実現できるかどうかは、具体的な形を見せないとわからないからです。


「**まず終わらせること**」と「ゴールすること」とは、似ているようで全然違います。

「ゴールした」と思った瞬間、たいていまた間違いが起きて、実際のゴールは何週間も先だ、ということになるのです。一度そこがゴールだと思ったのにゴールでなくなると、みんなのやる気も失せて燃え尽きてしまいます。

マラソンでも、優勝者ほど余裕がありますよね。ゴールしたあとも元気に歩いています。だから、もうちょっと長めのスパンでとらえつつ、「短い期間でもできる」という考え方でないといけません。

「できる人って、みんな『努力した覚えがない』と言いますね」と聞きますが、わたしは本当に「一生懸命やった」とか「努力した」とかいう感覚がないのです。

全部網羅的にやる必要はないと思っています。「いろいろな技能があるかもしれないけど、人と違うところがひとつあればそれでいい」と思っていて、新しいひとつを見出そうと言う意味で、「one function（ワン・ファンクション）」と言っています。

三日城ではないけれど、仮でも張りぼてでもいいから作ってみて、それが城として成り立つかどうかをみんなで検分して、そこから補修していくといいと思います。

わたしの場合は絵を描いて見せることができるので、それだけで「できたかのように」感じてもらうことができて、助かっています。

37

「見切り」は早いほうがいい

「さっさとやってさっさと失敗してさっさともう一回やることです。」

わたしがXに投稿したこの言葉のインプレッション数が500万になりました。

そんなに共感を得られるとは思ってもいませんでしたが、「物事をすぐに始められない」人が大勢いて、その「背中」を押す言葉には共感が多いことを知りました。

すぐ返事をするのも、締め切りを短く設定するのも、その一環ですが、わたしは「逃げること」や「見切りをつけること」もさっさとやります。

大学のときの試験でも、「できた人から帰っていい」と言われたら、最初に席を立って帰っていました。

大学でいい成績を取ってもしょうがない、6割取れば自動的に進級するんだから

「**100点から60点の間を楽しむ**（好きなデザインをする）**こと**」が大事だと思っていました。

先生には申し訳ないけれど、すでに自分なりの回答の仮説があって、それが「許されるか否か」だと思っていました。

「職場のつきあい」も、入社して数年は「宴会の最後まで残ってみんなを見送る」というのをポリシーにしていました。

でも最後まで残っても「何も残らない」ことがわかってからは、キリのいいところでさっさと帰るようにしたのです。

別に早く帰ったからといって家で何があるわけでもありませんが、「足らないぐらいが美しい」と発想が変わりました。

38

「小掃除」のすすめ

わたしは、きちんと片づけることを習慣にしています。これは子供の頃から自然とそうだったので、親から「片付けなさい」と言われた覚えもありません。

小中高と自宅でしたが、机の上が散らかっていた記憶がありません。

大学は親元を離れて下宿していましたが、「本棚とその中の本」と、「ファンシーケース」と呼ばれた洋服掛けのビニールボックスしか部屋には置いていませんでした。

断捨離も何もあったもんではありません。元から置いていないんです。

「本当の本当に整理が好きか」と自身に問うと自信がありません。しかしあまりに長い間「そうでない自分」なので、もう散らかることはなさそうです。

「片付けの作法（タイムパフォーマンス）」とすれば、まずサイズが大きくて「軽い」ものを整理します。

それだけで一気に「仕事をした（片付けた）気分」になれます。

要は自分を騙すわけですね。

片付ける時間がないときは、今使わないものを後ろに置いて**「自分の視界から消す」**だけでも落ち着きが生まれます。

それから、ゴミはためないようにしています。

事務所に宅急便が届いたら、玄関先に用意したトレイにあるカッターとハサミですぐ開梱して、段ボールやパッケージを分別して、やはり玄関近くに置いてあるゴミ箱にすぐ捨てる。

ゴミは、袋いっぱいでなくても毎日帰宅時に捨てて帰ります（生ゴミがほとんどありません）。

それから、事務所のコーヒーやお茶に使った湯のみは必ず洗って帰ります。

なんて細かいんでしょうね。でもそのおかげで出張から帰って来たときも、洗い物や片づけでバタバタすることなく、いつも通りの感覚で過ごせます。

だから「大掃除」をしたことがないんです。いつも「小掃除」しているおかげで。

39

平凡だからこそ、「みんな」がわかる

昔は、デザイナーは「特別な人」でないといけないと思っていました。

でも今は、平凡でいいと思っています。

なんとなく買ったペットボトルのお茶が、よく売れている人気商品だと知ったことがあります。また、ある有名メーカーのお菓子（アイス）が好物で、「あれがないといや」というくらいでしたが、それも一番目か二番目に売れていると聞いたこともあります。

そんな経験から、「自分の好みって、とても平凡なんだ」とわかりました。

平凡だから、自分の好きなものを作ればみんなも好きになるはずです。

だから「自分が好きなもの」をデザインしなければと思うのです。

ほかの仕事にも通じる話ですね。

40

必要なのは、自制心、モラル、リテラシー

これまでわたしを支えてくれたのは、幼い頃から親戚のおじさんおばさんがくれたほめ言葉です。身近な両親よりも客観的な分、わたしにとって価値がありましたし、嬉しかったのです。

別に成績がいいわけでもないので、ほめられたのは勉強のことではなく、性格を認められていたというか、「**面白くてしっかりしている**」と受け止めました。

それはもう「人生のパスポート」をもらったような気分で、学校での出来事や、会社での出来事も、そのパスポートを持っているという「懐のあたたかさ」で乗り越えることができました。

人は、見てほしいところは見てくれません。見てほしくないところを見ます。

大人というのは、たぶん油断が許されないのです。

俳優の真田広之さんは、40年かけて、『SHOGUN 将軍』でエミー賞にたどり着いています。

継続することは大変だと思うし、真田さんがこれまでに与えられた役には、不本意なものもあったはず。でも、英語力を磨きながら我慢して我慢して、ディズニーから「全部思うようにやっていい」という条件を取り付けて作品を作り、評価された。

すごいことです。絶対的な信頼がなければそこまではいけないですよね。

「**自制心、モラル、リテラシー**」は誰にとっても必要だと思います。

昭和に活躍した俳優も、お酒が強くて有名だった人は、今は残っていません。

わたしはお酒もほどほどだし、以前はほどほどに吸っていたタバコもやめました。

デザイナーであっても同じです。

信頼を得るためには、人から見て信頼がおける行動をとらなければいけません。

仕事で「天才」と言われても、時々凡作を出す人だったら、相手は安心して頼めません。能力が高いというよりも、いかに平均値が高いかが信頼につながります。

MESSAGE 2

いつだって、問われるのは「道理」

10年ほど前、ある企業で講演をさせていただいたのですが、その原稿を考えているときにふと「**最先端は人に近づく**」という言葉が浮かびました。

常に新しいものが生まれ、時代は変化するけれど、結局のところ、人への思いやりを持ち、使い勝手を満足させることができなければ、その最新技術は普及しないだろうということです。

最近ではAIやChatGPTが時代の最先端で、わたしも試してはいますが、自分から積極的に近づいたりはしません。人の話も技術も、「道理」に則していれば、自ずと寄り添う関係になると思っているからです。

第6章

「物事の本質」を削らない

41

些事を無視しない

「ささいなことで悩まないほうがいい」というアドバイスはもっともだと思いますが、その一方で、日常の中に潜んでいるささいなことが気にならなくなったら、デザイナーには向いていません。**ほんのささいな悩みを解決しようという気持ちが新しいアイデアを生むからです。**引っかかるには何か理由があるはずです。

逆に言えば、なんてことのない格好をしているけれど、何も引っかからない、つまり、なんの違和感もないという製品は相当に優れたものだと言えます。

100円均一ショップで買ったものでも「**ここをよくすればもっといいなぁ**」などと、ささいなことを考えるからこそクリエーティブになれるのであって、これを無視したら仕事になりません。「考えることないじゃない」「それはそのままでいいでしょう」と言われたら、それきり何も起きないのです。

42 「20歳の自分」を忘れない

わたしがいつも学生のみなさんにお伝えするお話があります。

そのお話とは「過去を振り返ってみて、わたしの場合、絵に対する技量と物事に対する思考のピークは、20歳の頃だと感じています。実際20歳の頃に描いた絵より、今、うまい絵を描ける自信はありませんし、当時の自分を今の自分が説得できる自信がありません」というものです。

それぐらい、新しいことの吸収力と批判力が高まっているのが20歳なのです。だてに「成人」と呼ばれているわけではありません。

さらに続けて『逆に言えば『将来の自分はもっと絵がうまくなっている』とか『未来の自分はもっと賢くなれているはず』という願望も持たないほうがいいです。とにかく自動的に改善されることはないと思ってください。今の自分が将来の自分を助けるし、将来の自分が今の努力に感謝してくれるんです」と。

これは自分自身の経験にもとづく「実感」です。

言ってしまえば大学に入って、会社に入って、いろいろな経験をしても、それが自分を変えたとはまったく思えないのです。

「20歳ですでにできあがっていた感覚」があったところで、社会的規範から考えて、20歳では「生意気」としか周りには受け止められないだろうということもわかっていました。だから、「いつかそれを言えるとき」を長年待っていたわけです。

やっと「20歳の主張」が若気ではないことを、そして「その感覚」が実は的を射ていることを伝えるのに「妥当な年齢」になって実行している次第です。

そういう意味では、**「若者の話に真摯に耳を傾ける必要があることを、ずっと昔に『成人』した大人の人たちにもあえて知らせたい」**と思っています。

若者を受け入れることは若き日の自分を受け入れることでもあるからです。

43

「そのままでいいもの」は そのままにする

わたしは「変化」にこだわっていません。

企業からデザインの依頼があっても、すでに作られたものが十分デザイン性が高ければ「今のままでいいんじゃないですか。変える必要ありません」と、デザイナーにあるまじき意見も言います。

無理に、「自分のカタチ」にしたいわけでもないし、長年さまざまな製品のデザイン経験があった上で「変えなくていい」というのも素敵なアドバイス（意見）だと思っているからです。

言ってしまえば、わたし自身が「**変えない人**」だからです。

服装も、高校時代の普段着から変わらず「アメカジ（アメリカンカジュアル）」で、リーバイスのジーンズにヘインズのシャツにコンバース（今ではニューバランスですが）。

つまり50年以上「変わっていない」わけです。

食べ物も、一度何かのきっかけで食べておいしかったらそれをずっと食べ続けるし、いいと思ったお店にもずっと通い続けます。

別に高級なものを食べたいという欲求もないし、「高い値段＝価値」という「くくりつけ」はわたしにはありません。

ただ、「エスパ（エクスペリアンスパフォーマンス＝経験価値）」は大切ですから、高いものから安いものまで試した上で「何が適当（適切）」なのかは見定めるようにしています。

つまり「変えなくてはいけない。変化は善である」と思い込んでいる人を説得するためには、「人一倍、変えた経験・試した経験」も必要だということです。

「**『変えないでいい』と言うために、自身はいろいろ変えてみないといけない**」、なんとも因果な仕事です。

そういえば、ある講演会のあとに質問されたことがあります。

とある惣菜を製造販売する会社の方でしたが、その質問とは、「お客様の変化や要望についていけないのですが、どうすればいいでしょうか?」というものでした。

わたしの返答は「まず立ち止まってみることです。今は多分、ユーザーと会社の動きと同調して動いているから、何をしているか混乱されていると思います。ゆえに一度立ち止まって深呼吸でもして、状況把握をしてみる必要があります。社内的には動いているとそれだけで仕事をしているように映るでしょうが、長い目で見たら立ち止まってみる時間も必要です。人間、動いていると、目線が定まらないし、気持ちも落ち着かない。すべてがグラグラして感じます。まず、目線を定める。そして日常の安定があってこその変化への対応が可能です」でした。

その講演会ではここまで話がまとまってはいませんでしたが、こうお伝えしたかったのです。

44

やっかむより大事なこと

わたしはプロダクトデザインの仕事や勉強を50年以上続けてきましたが、「デザインに向いているか否か」について、一度も考えたことがありません。

そんなことを考えるなら、新しく出た国内外のデザインや建築の雑誌を読み漁るほうが、よほど「才能を作る」のに役立つと思っていました。わたしが知る限り、デザインができる人はものをよく知っているし、読書家であることが多いです。

結果的には、才能というのは、小さいブロック上の知識をいかにたくさん集め、いかにそれを分類して整理するかという能力に「収まる」ものだと思います。

才能に対する漠然とした憧れ、センスのいいと思える人に対する嫉妬ややっかみを持つ時間があるなら、「才能ブロック」をコツコツと集めることに時間を費やしたほうが将来の「**灯り**」になります。

45

「ひとつの物事を掘り下げる」が最高のタイパ

「タイパ」を意識して、幅広く情報を集め、エッセンスだけを吸収しようという考え方があります。

でも、それが、なんにでも応用できるのかというと、疑問を感じます。

たとえばある人の講演会に参加した人が、次の週には同じ分野で活躍する別の人の講演会や勉強会に参加している。

わたしの業界でも、そんな光景をよく見かけます。

でも、それではまるで講演会のスタンプラリーみたいです。

一見、意識の高い行動のようですが、広く浅くつまみ食いのように学んでも、結局いいものは身につきません。

それよりも、「この人が好きだ、学びたい」という対象をひとり決めて、その人が何を考えているのかを「**掘り下げていく**」ことが大切です。

その人の過去まで遡って、どう成長してきたかを知ることです。

今の断面だけを聞いても勉強になりません。

ジェンガではないですが、文脈を知らずに学んだことの一部を組み込んでも、いつ壊れるかわかりません。

よけいなパーツは増やさないほうがいいですね。

ちゃんと選ぶ。

ちゃんと選んで掘り下げる。

それこそが最高の「タイパ」と言えます。

46 探究すること自体に価値がある

子供が勉強そっちのけで何かに熱中している。

そんなとき、怒ってもしょうがないですよね。

逆にほめてあげたほうがいいです。

対象がなんであれ、**「探究心を持つこと、深堀りすること」**は大切です。

昆虫が好きなら昆虫を、『ドラゴンボール』が好きなら『ドラゴンボール』の世界を追究する。

そこに知性を高める要素が絶対にあるはず。

それを親の目線で良い悪いとジャッジするのは違うと思います。

わたしの息子も、ガンダムやドラゴンボールのカードを一生懸命集めていましたが、中学になったら自発的に全部売りました。

わたしは、買い取ってもらうのに親の承諾が必要だから、店までついて行っただけです。そんな例もあります。

先の章でふれたスマホやテレビのお話に続きますが、大人になっても、趣味でも娯楽でも、好きなことはとことんやりましょう。

いっときは仕事の時間を削ってもやりましょう。

大事なのは飽きることであり、それを「卒業すること」です。

卒業するためには、及第点をもらえるまで徹底して入れ込むことです。

そこを曖昧にして対峙していると、いつまでも卒業できません。


「この趣味から卒業する」と自分で決めないと、いつまでもズルズル続けてしまいますよね。


余談ですが、わたしが生まれる前年に『鉄腕アトム』が生まれていますから、ずっと身近に漫画があります。

一度漫画から遠ざかったのですが、すっかり大人になったあるとき、とんでもない漫画とアニメが登場しました。それが『Dr.スランプ アラレちゃん』でした。

そしてその後に始まった『ドラゴンボール』にまたハマってしまって、毎週、発売されたばかりの「少年ジャンプ」を手に取って、『ドラゴンボール』だけ読んで事務所に帰っていました。

そして『ドラゴンボール』の連載が終わったと同時に、また漫画から「仮卒業」しました。

しかしまた世間のブームに乗って、『鬼滅の刃』『進撃の巨人』『呪術廻戦』『チェンソーマン』『葬送のフリーレン』と来て、今は『ダンダダン』も読んでいます。

さっさと大人になった自分の子供たちと違い、わたし自身はだんだん（ダンダダン）幼稚になっているようです。

おかげさまで幼児化したわたしを怒る人もいないので、幼児化する自分も楽しんでいる毎日です。

生まれたときから「漫画がある世代」が老人になっているという、これまでのどの世代も経験したことのない「シン・新時代」が始まっているとも言えます。

MESSAGE 3

未来に自分を合わせない

iPhoneが誕生したのが2007年ですが、発売された当初には、この製品がその後の「携帯電話」を一変させるとは正直思えませんでした。

要は、わたしには「**未来は読めない**」わけです。

そう言えば90年代の終わり頃、ある講演で「秋田さんの考える未来の製品とはどんなものですか？」と問われましたが、「次に来る電車が混んでいるか空いているかもわからないわたしに、未来がわかるわけはありません」と答えました。

わたしの製品が円筒だったり四角形だったりするのは「時代の変化」とは無縁の「基本の基本」だからです。

第7章

「自分を犠牲にする」は削っていい

47 いつも省エネモードでいる

わたしはいつも、世間で言われるのとは別の意味で、コスパやタイパを考えています。

それは「どうすれば無駄なエネルギーを使わないですむか」ということです。

車にたとえるなら、巡航速度を守って「こんなに早く走れる」と無駄なスピードで走らない。平素から車の手入れを怠らず、いつでも飛ばせる余裕をもつこと、ガソリンを無駄に消費しないことです。要は「**余計な緊張感を排除して速やかに目的地に到着するための準備を怠らない**」ということです。

みなさんはおそらく「無駄なエネルギーを使わない」というと、大人になってからの仕事や生活についてイメージすると思います。でもわたしの場合、すでに高校選びの際、そういう「ゆとりのある選択」をしていました。

わたしは美術系の大学に入ることを第一に考えていたので、ラクに入れる学校を選びました。

もし進学に力を入れている高校に入ったら、模擬テストをいっぱい受けさせられて、絵を描くどころではなかったでしょう。

予備校に通っていた頃も余裕がありました。

「これ以上絵がうまくなったら、もっと難関を目指したくなってしまう」と思ったので、全力を出すことはやめて、「これくらいにしておこう」とセーブしたのです。

そんなふうに、常に省エネモードでやってきたので、いつでも余裕があります。

自分に無理をさせないのです。

消化にもエネルギーを使いますから、食べすぎない、飲みすぎない。睡眠時間も削らない。

運動も、ハードにしすぎると命を削ってしまうと言いますから、街をよく歩くぐらいです。

48 ＴｏＤｏリストはなくていい

わたしはＴｏＤｏリストを作りません。

「今日これとこれをしなくっちゃ」というプレッシャーがいやなんですね。

いやなことは忘れたい（忘れないためにリストを作るわけですが）。

あえて作るとしたら、ＴｏＤｏリストではなくＴｏＥｎｊｏｙリストがいいですね。

「やらなきゃいけない」ではなく、「今日はこれをやるから楽しいよ」というふうにすると、前向きになれます。

ここでも「自分の脳を騙す」わけです。

わたしは自分に優しいので、自分に「命令」はしないことにしています。

自分にはこれまでずっと、「こうするといいかもね」程度のことしか言わずにやってきました。

「これをやらないと出世しないぞ」とか言う気はまったくなかったのです。

納得できないことを押し付けられるのもきらいでした。

会社に入ってからも「なぜみんなで残業しないといけないの？」と思っていました。必要がなければしない、必要があればする（でも無理して深夜まで働かない）。

それで仕事になんの支障もないのだから、いいではないかと。

「こうあるべき」とされていても、一般常識とは違った、根拠のわからないルールには同調したくないと思っていました。

意に反することを自分にさせない。

やったらよさそうなことも、ゆるく提案するにとどめる。

どんなときも力まない。

わたしが「**いつも楽しそう**」と言われるのは、そういう習慣のたまものだと思います。

49

そこそこの機嫌をキープする

ことさらにご機嫌でなくても構わないと思います。

そんなに飛ばしていたら、長くは続きません。

以前の著書でも書いたのですが、曇り空ぐらいの気持ちで情緒が安定しているのが、相手にとってはありがたいでしょう。

要は「**いつも変わらぬ態度でいられること**」がその意味するところです。

独立してからいろいろな人に出会いましたが、中には「午前中はピーカンに晴れていたのに、午後には嵐になっている」という、まるでエベレストの天候みたいに機嫌が変わる人がいてびっくりした覚えがあります。

平素から機嫌がいいことの最大のメリットは、実は機嫌が悪くなれることにありま

す。普段から穏やかな時間が長ければ、悪いときにはちゃんと理由があることを示せるわけです（さっきのエベレストさんとほとんど同じような気もしますが、良い悪いの変化量の差ですね）。

世の中は「理不尽」です。こちらがルールを守っていても、規則を無視して車も人も飛び込んできたら絶対に怒ります。

「危ないじゃないか！」と相手に言うだけの理由があるのです。

学生さんの中には「反抗期継続中」の人もいるので、年長者にあえて乱暴な口を聞いたり、乱暴な態度を取る人もちょびっといます。

そんな生徒さんは「得心のいかない説得」しか経験がなさそうなので、内心ではさして気にしていなくても意識的に怒って見せることはあります。まあ、相手からすれば「本気」と「わざと」の違いはないと思いますが。

50

希望が叶うまで期待はしない

わたしは「成功させる」とか「成功してほしい」という力んだ考え方はしません。

「期待をしては外れる」という経験を繰り返すうちに、**「期待しないことの大事さ」**を学んだからなのかもしれません。

では、「望むことが実現する」とはどういうことなのでしょうか？

もし「希望が叶うことについてどう思いますか？」と聞かれたら、こう答えます。

「希望が叶うときというのは、ジャンプしたり這い上がったりするものではなく、『桟橋』に横付けされた『希望』という船の入り口の高さがちょうど合って、船に向かって歩いて渡るものだと思っています」

「希望が叶う」条件が、「実力＋タイミング」というのは、このことだと思います。

51 悩みの元になる相手からは距離を置く

「他人に対してイライラしたり、ストレスを感じたりしたとき、どうしたら許せるでしょうか。秋田さんは、どうしていますか?」

あるインタビューで、そんな質問をされました。

わたしの口から出た答えは「えっ、考えたことない」でした。

いや、「考える」より前に行動に出るので、あまり「悩みのお持ち帰り」をしないようにしているわけです。

さらには「許す、許さない」というような受け止め方はしないいんです。

意識的に人にぶつかるように歩く人に遭遇したことがあります。

どんどんとぶつけられて振り返ったんですね。

するとその人はまたまた別の人にぶつかっていました。そういう現実は、「許す、許さない」という、こちら側の受け止め方の問題ではありません。

つまり「ぼんやり歩かない」というのが「学び」ですね（今もぼんやりしていますが）。

まず、悩みの元になるような気配を持った人に近づかない。

レストランでも、エアコンの風が強くあたったり、大声で話すような集団がいたら、席を変えてもらったり、途中でお店を出ることもあります。

電車の中でも、ちょっと変なオーラのある人がいたら、別の車両に移動します。

とにかく神経質で、細かいことに注意が向く性格なので、巻き込まれないためには逃げるしかないのです。

つまり「**ひと足先にイライラ**」して、予防接種をしているようなものです。

会社にも多分「この人はなぜ嫌われているんだろう。なぜ人気がないんだろう」と思う人がいるでしょう。でもそこにはちゃんとそれなりの理由があるはずです。

みんなに距離を置かれている人に自分から近づいて、一言二言話してみればいいんです。案外「いい人」かもしれません。そうなる理由があるとわかるでしょうし、具体的に自分が集団の中でうまくいく方法を知るきっかけになるかもしれません。

それからわたしは、他人のプライバシーを詮索する人も苦手です。

今は他人の話であっても、いつ「自分の話」にすり替わるかわかりませんから。

他人をコントロールすることはできません。だからそういう場合も、うまくやっていこうと心を砕くよりも、距離を置きます。無遠慮に踏み込んでくる人には「これ以上はやめてください」と言います。それできらわれたら、むしろ好都合です。

自分と合わない人がいて「どうにもならない」と感じたら、諦めて逃げてしまう。

そうすれば悩む必要がなくなって、心に余裕が生まれます。

そのエネルギーを、楽しいことを増やすために使えたら最高です。

だからこれは「**前向きな諦め**」です。

人生の中で、いやなことはどうしたってゼロにはなりません。

あまり考えすぎず、「これ以上悪くならないようにする」ぐらいの気持ちでいるのがいいと思います。

52

余裕は睡眠で作られる

「デザインは一晩寝かしたほうがいい。デザイナーも一晩寝たほうがいい。」

Xを始めたばかりの頃、大きな反響をもらったツイートです。

デザイナーにかぎらず、睡眠時間を削るのは命を削るようなもの。

仕事をしている人もそうでない人も、しっかり眠るに越したことはありません。

わたしは、毎日8時間以上眠っています。

それ以下はありません。

昔は9時ぐらいに寝ていましたが、さすがに早すぎるので、最近は動画を見て11時ぐらいに床に就き、8時過ぎに起きています。

年を取ると早起きになるというのはウソですね。

全然早起きになりません。


余談ですが、最近、眠るのが楽しいです。

なぜかというと、明日になると違う展開が待っていると思えるから。

たとえば、一晩経つと「以前デザインした製品の売り上げが好調」とか、「オーディオブックや電子書籍になった著書がよく売れている」といった報告が届きます。

おかげで通っている医院では、血圧も良好で全体的に健康だと言われるし、おまけに「秋田さんはいつもおしゃれね」とほめられたりもしています。

一見、睡眠時間と関係なさそうですが、結局のところ、「**余裕は、余裕ある睡眠から生まれる**」と思います。

これはお金で代え難いものです。

53

大事なことほど朝にやる

大事なことほど、朝にやってしまうことをおすすめします。

理由は2つ。**まず、朝は周りが静かなこと。**

もうひとつは、その翌日の朝にやることについては、前日仕事を終えたあとから寝るまで無意識に頭の中で考えているからです。

そのホカホカのできたてのアイデアを「冷めないうちに召し上がる」のが上等です。

徹夜して眠くて疲れた4時間と朝の30分の価値は等価だと思っています。

今でもデザイナーの中には「寝ないのが当たり前」みたいな人がいますが、徹夜するくらいならいったん帰宅して、朝一番の電車に乗って翌日仕事するほうがおすすめです。

短時間でも自分の寝床で眠るほうが疲労の回復度が高いので、誰にでも「**とにかく寝なさい。寝ることが教えてくれることもあるから**」と言っています。

でも実際に「徹夜をやめることができる人」は、そう多くないかもしれません。

なぜなら、余裕のある仕事ぶりをしていないと「無理」だからです。

ところでフリーになってからのわたしの場合、朝の8時半頃に起きて、9時半頃事務所に着いて、コーヒーを淹れて一服（タバコはやめましたが）。

メールを見て、作業があれば午前中にやってしまって、12時過ぎにはお昼ご飯を食べることを口実に、ちょっと電車で吉祥寺や下北沢に出かける。午後にはぼんやりして、5時ぐらいになるとなぜかテンションが上がっておもむろに作業を始めて、いつの間にか7時になって、奥さんに「帰ります」のＬＩＮＥを送って帰宅します。

1日の作業量は大したことはありませんが、土日も正月の休みも1日ぐらいで、だいたい普段と同じタイムテーブルで事務所に行って帰っています。

仕事量は関係がありません。

そんなのんびりしたスケジュールで過ごしているわたしにも、「忙しいでしょう」と周りの人から言ってもらえるのは嬉しいですね。

なぜなら、「**活気**」があると感じてもらえているように思うからです。

ただ自分では無意識でこんな調子のことを書いていますが、たぶん結構忙しいんでしょうね。

要は、「忙しい」という言葉の概念とのつきあい方です。

何かに「追われている」という感覚がないので、忙しいかと聞かれたら「暇です」と表現しています。自分の言った「呑気な言葉」に自分自身が騙されて余分な力が抜けるんです。

お試しください。

54 燃え尽きないように仕事をする

たくさん仕事をこなして儲けたい人はそれでもいいかもしれませんが、燃え尽きてしまうのはいやなので、やっぱりわたしには、「安い仕事をたくさんこなすこと」は向いていません。

そして、「自由税」は収入と同額を支払うものだと思っています。

たとえば1000万円の売り上げだったら、「本当は2000万円の仕事ができたけれど、自分の思いを大切にするために1000万円は自由省に自由税を払っている」という感覚でいます。

自分らしく生きるというのは、タダではないのです。

しかし、その分「**長く生き残れる**」ので、結局は「ちゃら」だと思っています。

MESSAGE 4

焦るより、まず寝る

わたしは寝るのが楽しくてしょうがないのです。
寝すぎているおかげ（?）で、日中に眠くなることはありません
し、ダルいと感じたことがありません。
ぼんやりとはしていますが、眠いからじゃないんです。
これから先、どれだけの時間があるかは神のみぞ知ることです。
だからといって「残り少ないからあれもやらなくちゃ」「これも
やらなくちゃ」とまったく思わないんですね。
それよりさっさと寝るに限ります。
よく寝かせたデザインもデザイナーも「**健康**」です。

第8章

「ちょっとのずる賢さ」を削らない

55

まず自分に優しく、その余裕で人にも優しく

わたしは子供の頃から、とにかく忘れ物、落とし物、そして間違いが多くて、いつもヒヤヒヤして過ごしていました。

さすがに70歳にもなれば多少はまともになるかなと思ったのですが、今度は「健忘症（?）」が出ているのか、結局、この歳になっても、ちっとも「落ち着く気配」が見えてきません。

しかし、「**そういうできの悪いところがまたお茶目よね**」とあたたかい目で見ている自分もいます。自分に優しい。そして少し人にも優しい。

もしわたしが忘れ物をしない「よくできた人」になったら、「一番大切な自分自身が落とし物」になるような気すらします。

未完の大器は未完のままでいいのです。

自信とは、「人一倍『うまくできること』があることに対する自負心」ととらえがちですが、わたしにとって自信は、「なんと言われても自分だけは自分を信じてあげること」だと思っています。

誰か、たとえば親が応援してくれるから頑張るというのもあるでしょうが、それでは「依存」から抜け出せません。

最後の1人になっても絶対、自分だけは自分を支えるんだという気持ちは何よりも大切です。

結果としていいことがあってもなくても、自信は持ったほうがいいと思います。

一番大事なことは「発想」であり「アイデア」なんですね。

もしわたしが完成度にこだわり出したら、それが「生まれない」ような気がします。

56

「プラス2度の前傾姿勢」を心がける

「自分の仕事は大したことはないけれど、他人の仕事は大変そうに見える」、そんなふうに他人の仕事に敬意を持てたら、仕事はきっとうまくいくでしょう。

逆に、「自分の仕事は大変だけど、他人はなんだかラクに仕事をしている」といった視点でしか仕事をとらえられなくなったら、きっと人間関係で困るでしょう。

仕事相手だけでなく、恩恵を受けているモノやサービスに対しても、「提供されるまでに、どれだけのお金や時間や労力がかかっているか」という想像力を持つことは必要だと思います。

自分の仕事が大変だと思うのは、自分がおいしいところを取ろうと思っているから。ラクをして利を得ようとすると、仕事は逆につらくなるものです。

唐突なたとえですが、スキーで雪面を滑るときに、腰が引けた状態で滑るとスピードが出て転びやすくなりますが、頭を上げて視点を滑る前方に定めて、重心をスキーの前側に置けば、自分でスピードをコントロールできます。

仕事もそれと同じです。腰を引いて「ちょっといやだな」と気持ちが受け身になると、どんどん仕事が「自分を追いかけてくる」ようになります。

一方で、仕事に対して自分からあらかじめ調べて（予習して）、先へ先へと体を預けるようにすれば「主体的な立場」でコトを進められます。気力も同じです。

予習と言えば、はじめての場所に出向く際には、わたしは、前日にはGoogleマップで「その場所」への行き方を調べて、時にはプリントアウトして携帯しています。

そういった、30分もかからない事前の作業をするだけで、当日道に迷うこともなく「平静」な気分で新しい場所に向かえます。

「プラス2度の心構え」とでも言いましょうか、まっすぐ立っていると、押されたときに倒れてしまうので、たとえ1度か2度の角度でも、前に倒れたほうがいいです。

57

いつでも早退できるようにする

会社に勤めている人は、いつでも早退できる状態を作っておきましょう。

「友達と約束したから」という理由であっても、です。

仕事よりもそちらが大事だという意味ではなく、普段から、そういう行動も取れるくらいのゆとりを持って仕事を進める、ということです。

仕事の最中に、ポンと電話がかかってきて職場を抜けてもなんら問題ない。

それを実現するには、周りの人たちと日頃コミュニケーションを取って、お互いに仕事の進行状況を把握しておくことが大切なのです。

以前、顧問をさせていただいている会社のみなさんに、デザインという仕事がどういう仕事なのかを伝えるために、イラスト付きの資料を作成しました。

「わたしが部品を製造工場から倉庫に運ぶトラックのドライバーだったとします。いつもの道路を、部品を積んで走っていたら、道路上に大きな石が落ちていました。いつもの道を避けて別ルートに迂回すると、かなり時間がかかってしまいます。そんなとき、みなさんならどうしますか？」

そして「デザイナーの経験から導き出した行動はこうです」と続けました。

そこで素早く迂回ルートで走り直すのも「一手」ですが、わたしなら、まずトラックから降りて石をぐるっと観察してみます。

落ちている石を撮影して、その石の種類をスマホで調べて、その比重とサイズ感から、石の重さが何トンなのかを割り出します。

そのデータを元に、石を移動させるのに適した車の手配と状況説明、要請を工場から運搬先に伝えます。それとは別に警察にも連絡しておきます。

なんだか「**悠長**」ですよね。さっさとその場を去ったほうが「**利口**」です。

でも、「世の中のお役に立つ」ということが企業の姿勢だと思うので、「少し策を巡らす」わけです。

なぜそんな余裕があるかといえば、いつも工場に張り出されている「今日の出荷計画」を見ているので、トラックに積んでいる荷物の緊急性を把握していて、今日の荷物は急いでいないことを、そのデザイナーは理解しているからです。

さらに、そのデザイナーはいったん工場に持ち運んで、その大きな石の持ち主が現れないなら（多分どこかの庭石を落としたのでしょうね）、「工場の入り口にオブジェとして使うのもありだなあ」なんて悠長に思うわけです。

余裕は大切です。外山滋比古さんは、著書『思考の整理学』で、こんな意味のことをおっしゃっています。「頭は倉庫のようなものです。常に新しいものを受け入れるスペースを持っていないといけません。そのためには在庫（余分なもの）はどんどん処分（忘れる）することです」と。

58

「火を消す時間」を作る

わたしは昔から、デザイナーとしてのセルフブランディングを意識しています。その結果、ポピュラーな存在ではなく、たくさん仕事はこないけれど結果的に70歳を過ぎても仕事をさせてもらっていますし、Xを始めたおかげでこうやって本を出させてもらえるということになっています。

結果論としては**「製品を出しすぎていないから飽きられてもいない」**という面があると思っています。まあ、そういう「ブランディング」なので。

そんなわたしも「デザイン家電」というブームの中で、シリーズものの製品デザインを担当し、評判をいただいたことがありますが、あまり多くの製品を出すことはありませんでした。

ある程度人気が出たと感じたら、「**自分から炭壺に入り、火を消して炭になる**」、要は燃え尽きないように配慮していたのです。

当然ブームの最中でも、徹夜はおろか残業もしないで、その仕事が終わりました。また「燃える」シーズンが来たと思ったら、火をつける。

炭だからすぐに火がつくんですね。

同時に、木よりも燃焼温度が高いのです。

余談ですが、炭の発見によって金属加工が可能になったという歴史があります。「今ここぞ」というときにスピーディーにいい仕事をするには、燃えっぱなしではなく、火を消している時間も必要だということです。

59

「準備は怠らない」という戦略がある

「日本人の思考力は24歳がピークで、以降成長が止まる」というお話を最近知ったのですが、要は大学や大学院を出た時点で思考力のピークを迎えて、あとは「進んで勉強しなくなる」ということだと思います。

わたしの場合、先に書いたように「**技術・思考ともに20歳がピーク**」と思っています。

24歳のときに大きなデザインの賞をいただきましたが、わたしはデザインや美術に「偏って勉強」をしていたので、たしかに賞は取れたものの、一般的教養や勉強が圧倒的に足りていないと思っていました。ですので、24歳を過ぎても、たくさんの本を読むようにしていました。

そして「工業デザイナーでもきっと文章力が問われる時代になる」と感じ、2000年を過ぎた頃からデザインの雑誌を買うことをやめて（小説も読まなくなりました）、自分で売り込んでコラムを書かせてもらったり、寄稿をしたりしました。
ブログを書きはじめたら、書くのが苦ではなかった（ここ重要です）ので、コツコツと20年あまり続けました。
やがて発信の場をXに移したら、世界ががらりと変わり、今では本の執筆依頼をいくつもいただけるようになっています。

考えてみると、ずっと端っこにいながらも、人に見つけてもらうための「準備」は怠らなかった。

それが今の幸せにつながっているのかなと思います。

60 アンバランスな自分も見せる

132ページにも書いたように、わたしにはすっぽりと抜け落ちた部分があります。

先日、大学で心理学を勉強していた友人から「あなた自身をほかのものに例えるならなんだと思う？」と聞かれました。

それまでそういうことを考えたことはなかったのですが、なんの躊躇もなく「（スターウォーズの）デス・スターかな」と答えました。

どういう意味かといえば、「スターウォーズ」では、一度破壊された人工天体であるデス・スターが再登場したときに、球体の多くの部分が欠損していたんですが、**「欠落が多いけれど、なんとなく世間からは球体（まとまった人にみられる）」**という自分が、まるでその人工天体に思えたわけです。

かといって、その欠損部分を補修する気持ちもなく、必要に応じて「欠けていない球体部分」を相手に向けて、抜け切ろうと考えていました。

逆にあまりにバランスよく見られていたらちょっとずるいですが、わざと「実はこんなに欠けているんですよ」と見せたりします。

その瞬間、相手が「なーんだ」という気持ちになるのを見逃しません。

書いていて思いました。

わたしはだんだん悪い人になっているかもしれません。

悪の拠点デス・スターですから悪いのは当然なんですが、でもやっぱり悪いところがないと生き残れない。いい人だけでは生き残れないのです。

ある有名な建築家を評して、「ものすごく幼稚なところと、すごく政治的でしたたかなところもある。しかしそのアンバランスさが彼を魅力的な人物にしている」と書かれた文章を見たことがあります。

そんな都合のいい話ばかり記憶に留めているのも、わたしのずるさのひとつではあります。

61

「ピュアじゃない意識」を持つ

わたしはちょっと皮肉屋なところがあると自覚しています。

「皮肉」という言葉は解釈が結構難しいのですが、英語というところの「Irony」（アイロニー）というのが近いニュアンスでしょうか。

つまり、直接的に批判するのではなく「それとなく違う表現でそのことを注意して、わからないならそれでもいい言葉」でしょうか。

相手に向かって直接批判を言ったりはしないし（してるかも）、少なくとも意地悪な考え方はありません。

言霊というものがありますが、「言った言葉に自分が追い込まれる」ので、意地悪なんて「クリエーティブ（創造性）」な仕事をしている人の思考ではありません。

とにかく「現実を1ミリでも前に向けて変える」がなすべきことであり、何メートルと降り積もった豪雪も、春になれば跡形もなくなる「所為」に意味があるとは思えません。ちょっと大袈裟な表現になりました。

皮肉というのは批評性もあって、感受性がなければ発動しないものです。

みんなが「すごい」と手放しで評価しているものも「その評価をずっと持ち得るのか？」と「時間軸」もふまえて考えてみるというところでしょうか。

長いこと生きてきて、さしたる経験を積んでいると言いませんが、「時代と評価の変化」については長い目で見てきたので、そんな皮肉（批判でしょうか）な視点が自ずと身についてきました。

それゆえ、わたしも「いいな」「すごいな」と思ったとしても、心酔したり、信者のようにはならないのです。

社会人として「素直さ」がもっとも大切だと思っていますが、同様に皮肉な目線という、素直とは真逆にも思える思考も大事だと思っています。

うがった表現をするならば「素直な人の感じたまっすぐな批判から生まれる言い回

し」に価値があると思っています。

どんな仕事に携わるにしろ、新しいものを生み出すためには現状への批判的精神がないと「次」が作れません。**「どうしてこうなんだろう」「こうしたほうがいいのでは？」**という発想から、新しいものが生まれるからです。

わたし自身、若い頃から誰かに憧れたり、誰かのようになりたいと思ったことがありません。高校でも大学でも会社でも、人気のある先生（先輩）にはあえて近づきませんでしたし、有名なデザイナーが講義に来ても話しかけたりしませんでした。

とにかく「他人の評価したものからは距離を置く」という性格でした。勉強になる以上に「相手に飲み込まれる（巻き込まれる）」という意識のほうが勝っていました。

そういうスタンスだったので、優越感や劣等感とは無縁でした。

比較ほど容易なものはありません。

そもそも「周りの人たちは優秀で、自分はたかが知れている」と思っていて、はなから自分に過度な期待はしていません。

優秀だから優越感を持つわけでもないし、劣っているからといって劣等感を持たないといけないわけでもないと思っています。

要は「**手持ちの自分の札で勝負する**」しかありません（スヌーピーの有名な言葉に「配られたカードで勝負するしかないのさ」というものがあります）。

だから、周りと比べてどうこうという考えがないのです。


ある世界的な現代美術家のエピソードですが、地方から気負い込んでニューヨークに出てきたのはいいけれど、周りには才能あふれる若いアーティストがたくさんいることにびっくりしたそうです。

そこで考えついた発想がユニークでした。

「これから有名になるのではなく、すでに自分は有名な画家である」と思うようにしたそうです。

わたしは、この「意識の持ち方」を知った日から「有名になるのではなく、すでに有名である」と自分をとらえるようにしました。

善は急ぎました。

なぜなら前例のないこと（プロダクトデザイン）をするにあたって「今の自分」という視座では、現状を脱した作品を作ることは難しいからです。「将来高みに登った自分が、平地をさまよっている過去の自分に対してあるべき道を示唆する」という意識です。

そして「有名になる」と思うと目先のつきあいや情報に一喜一憂しますが、「すでに有名である」とすれば、その状況において「**有名にふさわしい立ち居振る舞い**」をしなければいけないという矜持が生まれるのです。

先の現代美術家は、結果的に20世紀を代表するアーティストに上り詰めたわけですから。

そういう「意識」はとても大切だと思います。

MESSAGE 5

モノを変えても空気感は変えない

「刮目《かつもく》」という言葉が好きなのですが、これは「三国志」に出てくる「人三日会わざれば刮目して見よ」（「人というのは毎日成長しているので、3日前に会っていなければ相手のことを目をこすって違いを観察しなさい」という意味）です。

実際は、3日どころか数年ぶりに人に会っても、目をこすって見たりしませんが、相手はともかく自分は1日1日変わっているような気がします。

頻繁に服やパソコン、家具を買い替えているからですが、日々変えながらも「**空気感は変えない**」ように心がけています。

刮目しても見つからないのがオシャレですね。

第9章

「損得勘定」は削っていい

62

損を覚悟で行動する

「呼び水」「誘い水」という言葉があります。どちらも同じ意味ですが、たとえば井戸から水が出ないとき、ポンプに水を注いで水を誘い出したりすることを指します。

ではどんな場合に「誘い水」が必要になるかというと、これまで見たことも聞いたこともない「出始めのデザイナー」なら、どうにかして仕事をもらえるように、一番わかりやすくいえば「**自薦**」をすることです。

「自分はこんなことができます」という「恥ずかしいおこない」をあえてするというわけです。

わたしの場合、知り合いを通じてデザインの雑誌社に売り込みをしたことがあります。この「雑誌に売り込んだ話」というのが非常に衝撃だったようで、大学時代の恩師の招きで、講演をさせていただいたとき、その話題になりました。

たぶん、恩師の先生からすれば「雑誌は向こうから声をかけてくれるもの」というお考えだったと思います。

今であれば逆にSNSでいろいろと発信ができるわけですが、その場合でも「相手から申し込みがないと動けない」と考えるかもしれません。

要は「『自分から言い出す』というかっこ悪いことはできない」という意味では、時代は関係がありません。

「恥の概念は人によって異なる。その恥の概念が薄い仕事が天職だ」とXで呟いたことがありますが、「**自分から売り込むことが恥ずかしくない**」という意味において、この仕事は天職だと思っています。

わたしは2003年からブログを書き始めましたが、デザイナー、かつ工業デザイナーではほとんどブログを書いている人がいなかった時代なので、もの珍しさもあって結構な反響をいただきました。

その余勢を駆って、２００４年には、近くにできたオシャレなカフェの地下フロアを数時間借り切って「自主講演会」を開いたことがあります。

参加費は無料、かつカフェで用意してもらったオシャレな軽食食べ方放題。30人ぐらい来ていただき、会場はすごい熱気でした。講演会の経費はすべて自腹でした。

とにかく知名度がないわけですから「自分が損しないように入場料を取ろう」ではなく、「損をしてでも人を集めよう」と考えたのです。

まず、こちらからプレゼントを渡すのです。これはわたしの考えた「呼び水」です。

その後も、東京で始めた勉強会「form room」は、その後、大阪でもやるようになり、トータル10数回開催しました。

そうするうちに雑誌の取材も入るようになり、講演会も頼まれるようになりました。

まずは「**損を覚悟でやりはじめること**」。それが気楽で失敗のリスクもありません。

これが「エスパ（エクスペリエンスパフォーマンス＝経験価値）」です。

63

「元を取る」という考えを捨てる

わたしは、映画を観るのが好きですが、観に行った映画がつまらないと上映中の真っ暗な中、腰を屈めて「早退」します。

そのため、あらかじめ周りに迷惑のかからないように端の席を予約することもあります。

チケット代を払っていても、観続けるよりも「観ない」という結論に準じたほうが「**体験**」を得たように思ったりもします。

ほとんど1人で行くので、「本来映画を観ている時間」を、街を見る時間にあてることがあります。

昔、大学の後輩と一緒に、ある講演会に行きました。

そのときもつまらなくて途中で退席したのですが、その彼はずっと残って聴いていました。勉強熱心です。

あとで彼に言ったのは、つまらない講演会は途中で出たほうがいいということ。ずっと聴き続けると、相手は「自分の話は面白い」と勘違いしてしまいます。演者の今後の「成長」のためにも、つまらなさを行動で伝えたほうがその人のためなんだと話しました。

今にしてみれば「極論」ですが、その極論を自らに課して、自分が講演会の演者になったときに「**いかに聴く人に面白く、退屈しない資料作りをして、退屈しないお話をするか**」と工夫するようになりました。

わたしにはとにかく「出した分だけ元を取ろう」という意識がないのです。

ホテルの朝食バイキングでも、ほんの数種類しか料理を取りません。

そもそも朝食はそんなに食べるほうではないし、食べ放題だからといってお腹いっぱい食べたらいつもの朝食の量ではなくなってしまいます。

とにかく食べることも、ほかのこと同様に「いつもどおり」に価値があると考えています。

一貫しているのは、「何かを得るためには、多くのことを犠牲にしなければいけない」ということです。

両手一杯にモノを（望みを）抱えていては道が狭くなったり、向こうから人が来たときにうまく避けられなくて、結局手から落としてしまいます。

大事なものを「少しだけ丁寧に持つ」ことが肝要です。

何も犠牲にしようとしないで「元を取ろう」という態度は、人としてあまりかっこいいものではありません（まあ当人は、格好は気にしていないでしょうが）。**それははたから見てもそうでしょう。**

「損をしたくない」というのは、結局「損につながる考え方」だと思います。

64 あえて現金を多めに持ち歩く

最近はそうでもないですが、以前は財布にそれなりの（想像にお任せします）現金を入れて買い物に出かけていました。

なぜかと言えば、**「買いたいものにいつ出会えるかわからない」**からです。

大昔、海外に出張して、ある町で出会ったスキットル（ウイスキーを入れて持ち歩く金属製の容器）がとてもいい感じだったものの、結構値が張ったので「また会えるだろう」と思ってあとにしたのですが、二度と出会うことはありませんでした。

そんな経験もあるので、即決できるように多めの現金を持ち歩いていますが、面白いのは、「買える」という思い（覚悟）を持ってデパートを歩くと、案外にほしいものがないということです。

以前はあんなにいろいろほしいものがあるように思えたのに、「買える状態」になって、モノと対等に向かい合えるようになると、ほしい気持ちが雲散霧消《うんさんむしょう》してしまって、結局、何も買わないで帰ってくるわけです。

その挙げ句、「買うものがなかった」という感想に加えて、買ったときのような満足感がおまけでついてくるようになりました。

財布にお金を入れていて、なんでも買えるような状態で、選択肢が多く見えるときは、自分の目的が明確ではないときなのかもしれません。

65

不言実行のすすめ

「有言実行」の時代ですが、「有言不実行」よりも、「不言実行」のほうが多いのかもしれません。

一体何を今さら「不言実行」、いや「不言実現」をすすめるのかというと、今のようにソーシャルネットワーク（SNS）が発達して利用者が増えると、「行為を見せたくなる」人が増えるからです。

「インスタ映え」を考えて、「一挙手一投足」に対して、スターのように世間が注目しているかのような「錯覚」に陥ることは難しくありません。

わたしは昔から自分を「**すでに有名である**」と決めていましたから、どういうありさまでいることが有名人にふさわしいのかと考えた結果、「どこどこに打ち合わせに行った。そのために新幹線に乗った。飛行機に乗った」という情報を出さないほうがいいと思い至りました。

なぜかといえば、その打ち合わせの仕事が成立するかどうかがわからないわけで、「先日どこか行っていたけれど、あの件はどうなったのかな」と、きっと誰かは心の中で思っているからです。

さらに、今仕事をさせてもらっている会社の人からすれば「頼んでいる仕事、ちゃんとやってくれているかな」とよけいな心配をおかけすることもあるからです。

わたしの場合、1人で仕事をしているのでなおさらです。

わたしが別の場所に行けば、その間、仕事に集中できません。

仕事というのは自分1人で成立していないわけで、思わぬ理由でそれが実現しないことがあります。

フリーランスの「ブランディング」としては「手がけたものはすべて製品化されている」という状態が望ましいわけですから、またどうなるかわからないプロジェクトの行動はできるだけ「表面化しない（気配を出さない）」のが望ましいわけです。

「不言不実現」ははじめからなかったと同じようなものです。

66

「好き」より「得意」を大切にする

この本を読んでくださっている人の中で、「自分は何が好きなのかわからない」と悩んでいる人もいるかもしれません。

そのような悩みがあるなら、何が好きかよりも、「自分が得意なこと」に目を向けると、道が開けるかもしれません。

別に「すごく得意」でなくてもいいんです。

なぜなら、わたし自身、デザイナーという選択は「好き」より「**得意**」のほうが勝っていたからです。

わたしは、郊外にある公立中学に通っていましたが、勉強では、教室をぐるっと見回しただけで「あの人には敵わない」「この人には太刀打ちできない」と思える同級生を見つけることは容易でした。

クラスですらそんな様子ですから、勉強で「頭角を現す」気持ちも失せて、勉強の成績を上げることは早々に諦めていたのです。

一方で、絵についてでは自分よりうまいと思える人が学年で2人しか思いつきませんでした（正確に言えば、全員を見たわけではないので、その順位は当てになりませんが）。

つまり、わたしは三番ということですね。

わたしは小学校1年のときに区の絵画コンクールに佳作に入ったことがあるだけで、別に親も周りからも「絵がうまいね」と言われたこともなく、教科書やノートに落書きするわけでもなく、休憩時間に漫画を読むわけでもありませんでした。

どちらかといえば校庭を駆け回るほうです。

絵がうまくなることに対してなんの努力も情熱もなく、さらに言えば、絵や工作の成績がよかったわけでもありません。

ただ漠然と絵の世界には興味があって、中学生の頃、倉敷にある大原美術館に行って萬鉄五郎や熊谷守一の絵に対して「なぜ写実的でもなく奇妙とも言える絵画が、この美術館に並んでいるのか」ということに関心があったのは、今にしてみると「普通ではない感性」だったのかもしれません。

たぶんわたしは「**批評眼**」というか、そのものがどうなってそうなってきたのかという視点でモノを見るのは得手だったのだと思います。

ちなみに、中学を卒業してから2年後に学校で同窓会が開かれたのですが、いつの間にか1階の職員室の入り口横の「今月の1枚（もう2年が過ぎていますが）」の額縁に入っていたのが、3年生のときに教室から見た操作場の景色を描いた1枚でした。

「やっぱり絵がうまかったんだなぁ」と思えて、いたずら心でこっそりその絵にサインしたのを覚えています。

これじゃあ、ただの「昔自慢」にすぎない？

そんなことはないですよ。

まずは「勉強を捨てる」という決断をして、成績表と関係なく自分の置かれている立場（三番の価値）を把握して、それが伸ばせる道に進むという結果が今に結びついて

いるのです。

中学時代を「一番絵がうまかった」と記憶していない（そうでないと思っているので当然ですが）という気持ちのありさまが、自分に妙なプレシャーやプライドを産まなくてよかったなと思っています。

67 「お手伝いさせてください」という姿勢でいる

わたしはとにかく「**自分が最先端だと思うもの**」をずっと提供しています。

依頼いただく会社からは「これがウチらしい」というイメージがある場合も多いので、もちろんそれを尊重して、まず丁寧にお話を聞きます。

「自己主張しないと思い通りのものができないのでは？」と言われそうですが、ご心配は無用です。

わたしの場合は、お話を聞いた上で、自分の考えを伝える手段として「はなから次元の違うものを出してしまう」のです。57ページのお話とつながりますね。

すると相手はびっくりして、「それを実現するにはどうすればいいだろう？」と、夢を持ちはじめます。

ただし、中途半端なものを出したら、そこまではいけません。
だから、どんなときも手を抜いてはいけないのです。

とはいえ、いくら自分に確信があっても、「俺が来たからいいデザインにしてやる」という大上段な態度で臨んではダメ。

「お手伝いさせてください」「よかったらお手伝いできるかもしれません」という謙虚な気持ちで、礼儀正しく接することです。

特にフリーランスで「これから」という段階にいる人は、謙虚さを忘れず、小さな仕事も受けて、仕事がないときもなんとかしのいで、でも自分のポリシーは曲げずにやっていく。

そうやって、「勝機」を待つといいのではないでしょうか。

68

大事な友人は大事に思うことから

転校生や中途採用で入ってきた人に、最初に話しかける人がいます。

新しく現れた人に近づくというのは、現状に何か不満があるから、何かを変えてくれそうな人を待っていて、人の力を借りて新しい世界を広げようということです。

ところがそういう人は、1年後に別の人が来ると、またその人に寄っていきます。

だから仲を深めようとしなくていいし、離れていってても気にしないことです。

イージーカム・イージーゴー（得やすいものは失いやすい）なんですね。

逆に言えば最初は知らんふりだった人のほうが、後々仲良く大事な人になることがあります。

「1人でもいいです」という態度でいるほうが、案外友達ができるものです。

「友達がほしいです」とアピールすることはおすすめしません。

パーティーでも、ぽつんと立っていて誰にも話しかけられなければ、「このパーティーは自分に合わない」と思って帰ればいいだけです。

「パーティーは出席した人の責任」と言った人がいます。

直感を働かせて、「これは自分に向いているか」を自分で考えて、参加するかどうかを決めるべきだと。

そして、「パーティー会場を出たらパーティーの悪口を言ってはいけない」というルールもあるようです。

おそらく友達選びにも同じことが言えるでしょう。

「**自分と合う人かどうか、しっかり判断する**」

「**去った人のことはとやかく言わない**」

そういうルールを守っていれば、人づきあいのストレスはずいぶん減るのではと思います。

MESSAGE 6

「できること」が道を作ってくれる

わたしはプロダクトデザイン以外の仕事をやりたいと思ったことが50年間で一度もありません。

理由は高校・予備校・大学と、さまざまなアルバイトを経験しましたが、どの仕事であっても「うまくできた」と思えたことがないからです。

みんなが普通にできることが普通にできない。必ず何かやらかしてしまうので、自分のことを自分で信用していません。

ほかの仕事ができないと明確に思っているので、プロダクトデザインに向いているのではなく、これしか残っていなかったのが本当のところです。

「絵が描けなかったら、危なかったなあ」と背筋が寒くなります。

第10章

「振り返りながら先を見る」を削らない

69

「ツキ」という言葉は忘れていい

乗りたかった電車が目の前で行ってしまった。あるいは、乗れないと思った電車になぜか乗れた。

わたしはどちらの場合も、「ツイていない」とか「間に合ったからラッキー」とか、いっさい考えないようにしています。

どちらだろうと、そもそも意に介さない。自分のツキなど考えないのが、落ち込まずフラットな状態でいられる秘訣かなと思います。

「気」のつくものを気にしないことも心がけています。

天気、気候、気象、景気、気分……といったものですね。

なぜなら、大事なのは「生きていくこと」だから。

嵐が来ようと、株価が下がろうと、わたしたちは生き抜かないといけません。

温暖化が表面化してすでに長い歳月が経過しましたが、その異常気象を云々する前に、地球の「これまで」を知ることが大事です。

地球の環境はそもそも過酷なものです。かつては地球全体が氷で覆われた時代もありましたし、今よりずっと高温の時代もありました。実は北極に氷があること自体、氷河期にあることを示していて、その氷河期にも「すごく寒いとき」と「比較的過ごしやすいとき」があって、今はその「比較的過ごしやすいとき」にあるようです。

わたしは「温暖化に力を貸す」ようなことはしないようにしたいですが、存在していること自体が「温暖化促進」になるようなものなので、その分、いいデザインをして世の中に貢献したいと思っています。

そのためには、さしあたって今日のご飯をおいしくいただけるように過ごすのが肝要かと思います。ツキに左右されず、**「とにかく明日も楽しく、希望を持って過ごすには何をすべきか」**を考えることだと思います。

70

人も時代も、変わるのは悪くない

タイパを重視する人が増え、ネット配信の映画を早送りで観たりして、「味わう」というより「消費する」という感覚になっている人が増えていると聞きました。

でも、わたしはそれがいけないとも思わないんですね。

その分、たくさん観れますし。

メディアの世界では、「時代が変わり、こんな若者が現れた」というテーマが繰り返し取り上げられています。

そういうものを年配の人たちが読んで「俺の若い頃はこうだった」と嘆いていますが、わたしは不思議なんですよね。

そんなに自分が若い頃は「礼儀正しい時代」だったのか、と。

今のほうがよほど素晴らしい時代だと思っています。

実際に電車を見回したら、老若男女みんなスマホを見ているわけで、以前は問題に思えたヘッドフォンから漏れる音楽音も「**問題のその先**」までいってしまいました。

自然発生的に生まれた現象は過去と比べても意味がなく、これもまた必然だなと思うのです。

ゆとり教育だって悪くないと思います。

政策でもなんでも、「いいことをやろう」と意図してやったことを、あとで叩くのは簡単です。

リスクを負わず、結果論で言っているのは正直ダサいです。

個人が「心配すべきこと」はそれぞれの人が抱えていると思うので、まずは自分の問題を解決して、その上で「余力」があるなら世間の今に対して批評するのは勝手です。

まずは自分。そこからです。

71

偏見を逆手に取る

世の中は、残念ながら偏見にあふれています。

わたし自身、そういう偏見を持つ「側面」はないのかと言われれば、「あるんじゃないかな」と思います。

嫉妬もあればやっかみもあるでしょう。自分を聖人君主だと思っていませんから。

「お互いさまの偏見社会」でどう生き残るか、それがすべての行動原理の根幹にあります。

難しい言い方ですが、「**偏見をうまく使うこと**」だと思うわけです。

大学選びも就職先を選ぶのも、つまるところ生き残るためだという視点は欠かせません。

わたしは教授が見つけてくれた会社に新卒で入ったのですが、学生時代から、将来は独立をしようと思っていたので、5年勤めて転職をしました。

なぜ5年かといえば、3年では短くて「社会人適性がない」と判断されるのも困るので、5年いたというのが正直なところです。世の偏見への対策です。

転職した先は製品のデザイン性の高さで世界的に評価されている会社でしたから、そこでどれだけ「自分のデザイン力」が通用するのかを試す意味もありました。

もうひとつ大きなポイントは、将来20年後、30年後、この会社出身のデザイナーが独立して活躍しているだろうという「未来予想図」がわたしの中であったためです。

前職の会社にはなんの不満もなく、よくしていただいたので、断腸の思いで退職しましたが、先ほども書いたように「将来の後悔」はしたくなかったのです。

わたしは、会社員でいるときも、「会社に貢献する社内フリーランス」のようなスタンスで仕事をしていました。

「いつかは会社を離れるだろう」という思いもあり、出世はしないようにしようと決めて、転職後は昇格試験も何度か見送りました。

実際、会社をやめたときは35歳の平社員でした。

前職でも半歩と前進しませんでしたから、出世という観点から言えば、11年でまったくのフラットな社員で卒業したことになります。

最初から独立を視野に入れて会社員をしていたので、独立してからの戸惑いは一切ありませんでした。

「後悔しないために大きな決断をしなければ、いつまでも引きずるでしょう」とみなさまにはお伝えしたいです。

72 「杭（欲）」を減らして「悔い」を減らす

わたしは、「考える」ことはあっても「悩む」ことはありません。

でも、いつまでもネガティブな感情を抱きしめている人もいますよね。

水の流れにまかせないで、わざわざ杭を打って悩みを溜め込んでいる感じです。

川の中に「欲」という杭がたくさん打ってあると、流れてきた草や何かがそこにたまって、澱《よど》みを作ります。

杭（欲）を少なくすればそれだけ、悔いも残らない。

親父ギャグではないですよ。

そういえば船の底部に付着するフジツボは、船に余分な抵抗を増やす厄介なものですが、今ではそのフジツボが付着するのを防いでくれる塗料が開発されているそうです。

人間もそれと同じように、**「いいように解釈するチカラ」**を持って、余分なものを**「溜め込まない」**ように心がけたいものですね。

なぜ「フジツボ」の話をしたかと言えば、はじめから「付かなければ」、剥がす手間も出てこないわけで、杭も少なければそこに付着するゴミも出てこないからです。

掃除をしないですむためには、最初からゴミをためないのが一番だと思います。

つまり、「掃除をすることがない」のが掃除の達人です。

73

やるは一瞬の恥、やらぬは一生の恥

行動心理学的な観点からすると、思ったことを実際に行動する人は、100人に25人程度で、継続できる人となると、わずか5人（5％）になってしまうそうです。

わたしは20年間、ブログを書いていました。

なんの気なしに続けていましたが、まずブログを始めるだけで25％の人になり、1年も続ければ5％、いや1％ぐらいに入っていたのではないでしょうか。

大事なことは「何をしたか」「何を書いたか」ではありません。
そこに意義があるとすれば、「はじめたか」「続いているか」ということだけです。

多くの人は「意義」「内容」「成果」にこだわりますが、そんなことは続けているうちに「更新」されていくものです。

まずはやってみることです。

ひとつ言えるのは「**あなたが恥をかこうがかくまいが、他人はそこにまったく関心がない**」ということです。

安心して、恥をかいてください。

74

目の前の仕事に集中することが誰かのためになる

プロ野球は、1週間5試合で3勝2敗だと、勝率6割で優勝できます。2勝3敗だとBクラス確定です。

何が言いたいかというと、応援しているチームが優勝できるチームだったとしても、週に2回は負けて不快な気分になるということです。

負けているチームも週に2回はいい気分になりますが、結局のところ、どっちにしろ、いやな思いをしないといけません。

勝つのが当然のように思ってしまうから、負けたときは残念に思ってモヤモヤする、その繰り返しです。

だから、わたしにも贔屓のチームはありますが、今はもう野球を観ていません。

勝っているときしか見ない。

ファンの風上におけない奴ですが、ある意味、本当の「タイパ」でしょう。

どのチームが勝っても負けても、突き詰めれば自分のことではありません。

それならば、わたしがわたしの仕事に集中して、みんなが使いやすい製品を作ると多くの喜ぶ人がいるわけだから、そちらを大事にするのが正解です。

「**自分がこれをやると喜んでくれる人がいる**」というプロ意識では、わたしもプロ野球の選手と一緒だと思っています。

先日、ある会社の会長さんに、「あなたの作品や製品を待っている人が大勢いると思いますよ」と言われました。

自分に関係ないことで一喜一憂している時間と余裕があったら、その人たちに喜んでもらうために、ひたすら自分に集中したいのです。

75 「自分に見合った場所」で能力を発揮する

これまでの人生、わたしは紆余曲折がありながらも、全然悲観したことがなく、怖いぐらいに「**自分を信じている**」ので、先にもお伝えしたように、デザイナーとして一度も「わたしには向いていない」と考えたことがありません。

わけのわからない自信のある人は怖いですね。自分のことですが。

はたから見れば楽しくなさそうに思える浪人生としての予備校時代も、いろいろな人がいて楽しかったし、浪人と思えないほどエンジョイしていました。

そんな態度だったのに第一志望の大学にラクに受かりました。

その年は同じ予備校から大量に合格者が出たので、自動的に同級生にも知り合いがいて、その勢いのまま4年間を過ごしました。

就職でも「苦労した感覚」がまったくないんですが、そういう人が結果的に残ってしまうという、ある意味残酷なお話です。これもまた自分ですが。

ただおまけで言えば、中学生の進路相談で、先生の示した学校に行きたくないばかりに、「工業高校のデザイン科を受験します」と言っていなかったら、今のわたしはいないし、大学受験で無理をして東京藝術大学を受験していたら、今のわたしはいないと思っています。

常に「自分の実力に見合った場所」を選んで、そこで実力と評価を蓄えて次の段階に進んできたので、昔は口にしていた「ラッキー」を言わなくなりました。

ラッキーな部分はあるけれど、凸凹の道の出っ張りをあらかじめ凸を削って凹を埋めて「平坦な道」にしてから歩むという、周到な準備段階があってこそだと思っているからです。

76

「これから」より「これまで」が大事

わたしは、「これからのこと」より「これまでのこと」を大事に思っています。

普通なら「過去は忘れて未来を目指すことがいい」と思われるかもしれませんが、わたしの結論はそうではありません。

ことさらに、未来を志向しなくても、わたしの感覚は勝手に2度前傾しているので（134ページ）、見ていなくても前に進むのです。

その代わり、後ろがおろそかになりがちです。

だからいつも後ろと横を注意しています。

よく「後ろを感じて前を見ろ」と言われますが、わたしは、「前は感じるもの、後ろは見ないといけないもの」だと思っています。

わたしにとっては、明らかに過去にやった仕事のほうが大事です。

デザインを手がけた製品が、10年経っても使われていることが大事。

本も、発売されたときがピークではなく、2年経ってもまだ売れていることが大事。

「こうしたらもっと役に立つかな」

「助かる人がいるかな」

「喜んでくれるかな」

そう考えて創作したものを、今日も誰かが使ってくれている、あるいは読んでくれているということ。

わたしにとってそれ以上の喜びはないし、それが、前に進むための大きな力にもなっているのです。

「やったことには悔いがないけれど、やったことへの反省と改善は怠らない」

おわりに

毎日の中に、キラリと光る原石がある

ここまで読んでいただき、ありがとうございました。

何かしらのお役に立てるお話を見つけていただけたなら幸いです。

経済学者のドラッカーの言葉に、「成果をあげるための秘訣は、集中である。成果をあげる人は最も重要なことから始め、しかも一度に1つのことしかしない」というものがあります。

ドラッカーのこの言葉を知ったのは最近のことですが、知らずともわたしはその言葉に準じた人になっていました。

それは「**不器用の自覚**」であり、100人にひとりしか正解しないような問題がすんなり解ける一方で、8割の人が解けるような問題で間違うこともあるということです。

そんな偏りを自分でわかっていたので、苦手なことには近寄らないようにしていました。「絵が描けるのに不器用」という話はあまり信じてもらえませんが、今でも工作は苦手です。

でも、苦手があったおかげで工夫を考えることにつながりましたし、不器用なおかげで誰もが使いやすいデザインを常に心がけるようになりました。

日常の中に学びがあり、その学びを人に語ることで、知恵とコミュニケーション力になっていきます。

その「扉を開ける」のは笑顔です。

つまり、なんでもない毎日を輝かせるのは自分次第だということです。

プロダクトデザイナー
秋田道夫

仕事《しごと》と人生《じんせい》で削《けず》っていいこと、いけないこと

「理想の毎日」は自分でデザインできる

2025年 2月28日　初版発行
2025年 3月21日　2刷発行

著　者……秋《あき》田《た》道《みち》夫《お》
発行者……塚田太郎
発行所……株式会社大和出版
　東京都文京区音羽1-26-11　〒112-0013
　電話　営業部03-5978-8121／編集部03-5978-8131
　https://daiwashuppan.com
印刷所……誠宏印刷株式会社
製本所……株式会社積信堂
装幀者……上坊菜々子

ISBN978-4-8047-1917-7

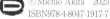